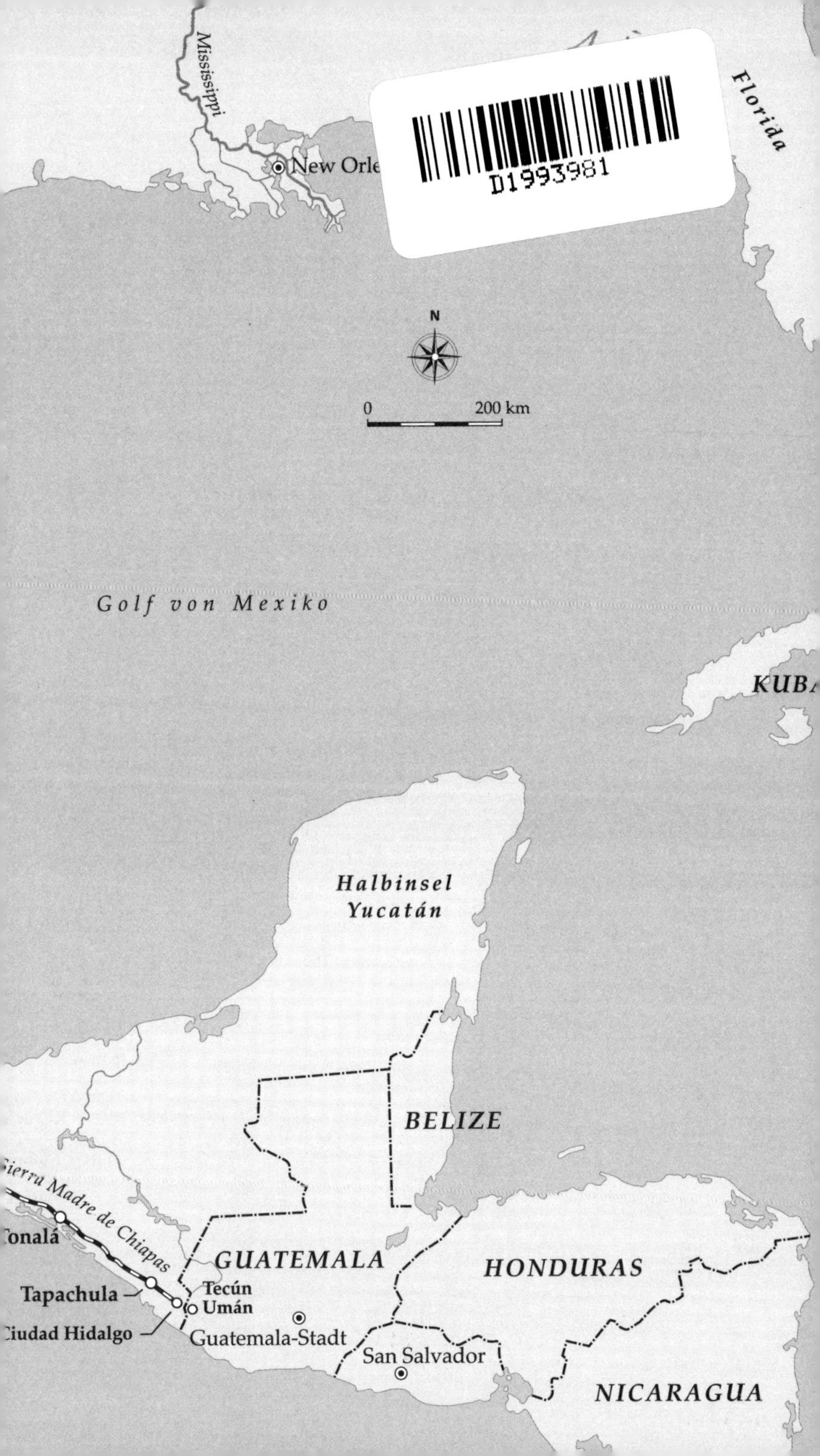
Mississippi
New Orle
Florida
N
0
200 km
Golf von Mexiko
KUB
Halbinsel
Yucatán
BELIZE
ierra Madre de Chiapas
onalá
GUATEMALA
HONDURAS
Tapachula
Tecún
Umán
iudad Hidalgo
Guatemala-Stadt
San Salvador
NICARAGUA

HERBiG Horizonte

Hans-Joachim Löwer

Bahnhof der Träumer

Mit Latinos illegal durch Mexiko

Mit 86 Fotos

Herbig

Bildnachweis

Alle Fotos aus dem Archiv des Autors

Besuchen Sie uns im Internet unter:
www.herbig-verlag.de

Umschlaggestaltung: Wolfgang Heinzel
Umschlagbild: Corbis, Düsseldorf
Karten: Eckehard Radehose, Schliersee
Herstellung und Satz: VerlagsService Dr. Helmut Neuberger
& Karl Schaumann GmbH, Heimstetten
Gesetzt aus der 11,5/15,55 Punkt Sabon
Druck und Binden: GGP Media GmbH, Pößneck
Printed in Germany
ISBN 3-7766-2460-4

Inhalt

Prolog

Was Menschen am meisten bewegt, sind Menschen. Wir lassen uns faszinieren von den vermeintlichen Siegern des Lebens, den Mächtigen in der Politik, den Stars im Sport, den Großen im Film und auf der Bühne. Wir lassen uns erschüttern von den tragischen Figuren, den Gestürzten, Geschlagenen und Betrogenen, den großen Verlierern des Lebens. Die Nachrichten über sie, die uns erreichen, sind meist Nachrichten aus einer anderen Welt, auch wenn uns so manches Verhalten, das wir aus diesen Berichten herauslesen, vertraut vorkommt. Aber es bleibt doch eine Distanz zwischen uns und denen, die uns – freiwillig oder nicht – Nachrichten über sich liefern. Es ist deren Welt, nicht unsere, wir erhaschen nur einen kleinen Blick – denjenigen, den die Medien uns gestatten.

Was uns sehr viel weniger bewegt, sind die Schicksale der Namenlosen. Wir wissen nichts von den kleinen Siegen, die von Menschen jeden Tag errungen werden, obwohl sie uns ganz besonders viel Mut machen könnten, weil es Menschen sind wie du und ich. Und wir wissen noch weniger von den vielen, schamvoll verschwiegenen Niederlagen, die Menschen jeden Tag erleiden. Das Heer der Arbeitslosen lässt uns kalt, solange es ein Heer ist. Millionen Hungernde rühren uns nicht, solange sie sich nicht in Einzelgesichter auflösen. Tausende von Kriegs- und Katastrophenopfern erwecken in uns nichts, solange sie nur eine Zahlenmasse sind.

Wir haben uns auch achselzuckend gewöhnt an den nicht enden wollenden Strom von Armutsflüchtlingen, das große Phänomen der globalisierten Welt. Wieder ein gekentertes Boot im Mittelmeer, wieder ein konfiszierter Lastwagen mit menschlicher Fracht, wieder eine Razzia gegen Schleuser, die mit dem Elend anderer ihr Geschäft machen – das Gefühl von Ohnmacht verstärkt unseren Unwillen, wenn wir solche Nachrichten hören.

Dieses Buch ist ein Versuch, Menschen der Anonymität unserer Nachrichtenfluten zu entreißen. Es sind Menschen, die noch nie Schlagzeilen machten, obwohl fast jeder von ihnen eine verdient hätte. Denn jeder von ihnen ist ein kleiner Held, und sei es auch ein tragischer. Es sind Menschen, die sich auflehnen gegen das schier unerbittliche Schicksal. Menschen, die Träume haben und dafür kämpfen. Menschen, die keine Besitzstände verteidigen, sondern alles für die kleine Chance riskieren, einigermaßen würdevoll zu (über)leben.

Tausende von Menschen, und damit Tausende von Schicksalen, hängen jedes Jahr in Mexiko an Güterzügen. Es sind Arbeitssuchende aus Mittelamerika, die auf diese Weise versuchen, heimlich in die USA zu gelangen. Die Chancen, ihre Reise zu einem guten Ende zu bringen, sind minimal. Die Gefahren, in die sie sich begeben, sind ungleich größer. Doch der Zug ist die einzige Hoffnung, die sie haben, und diese Hoffnung verleiht ihnen die Kraft, Unmögliches zu wagen.

Ich kenne nicht das Leben, das sie vorher hatten, und nicht das Leben, das sie danach erwartet. Ich konnte nur versuchen, diese Menschen auf einer Lebensetappe – vielleicht der wichtigsten – zu begleiten. Ich war auch nicht illegal wie sie nach Mexiko gekommen, sondern mit Pass und Einreisestempel, daher drohte mir keine Deportation. Wenigstens aber wollte ich die Härten einer solchen Zugreise mit ihnen teilen. Nur so, das wusste ich, würde ich in der Lage sein, wenigstens für ein paar Wochen die Distanz zwischen meiner und ihrer Welt zu überwinden und ihnen wirklich nahe zu sein. Du musst, so sagte ich mir, all das am eigenen Leibe erleben – nur dann weißt du wirklich, worüber du schreibst.

Gemalte Visionen

»Das Schicksal mischt die Karten, wir spielen.«
Arthur Schopenhauer
Deutscher Philosoph

Der Held, dessen Namen diese Stadt trägt, ist eine tragische Figur. Die Legende, die sich um ihn rankt, erzählt von seinem Kampf gegen die Geschichte, vom Aufbäumen gegen das unerbittliche Schicksal, das seinem Volk beschieden war. Dass er verlor, damals, vor einem halben Jahrtausend, liegt bis heute wie ein dunkler, drückender Schatten über der Stadt. Und über ganz Guatemala, dem kleinen, mittelamerikanischen Land, das verzweifelt nach Größe sucht – wenigstens in seiner Vergangenheit.

Es war, so viel ist gesichert, das Jahr 1524. Die spanischen Konquistadoren, die gerade das Aztekenreich erobert hatten, holten zum zweiten großen Schlag aus. Sie wollten auch die Maya-Völker beherrschen, die weiter im Süden lebten, denn die Gier nach Gold und Land und Macht war noch lange nicht gestillt. Auf einer Hochebene, zu Füßen von rauchenden Vulkanen, traten den Spaniern indianische Truppen entgegen, und es drohte ein neues Blutbad in der Geschichte des Kontinents Amerika –

in der Geschichte, die für die Europäer jener Zeit erst zweiunddreißig Jahre zählte.

Tecún Umán, der Führer der Indios, war dazu auserkoren, seinem Vater Quicab als Herrscher zu folgen. Er wollte, so heißt es in der Legende, ein Gemetzel vermeiden. Er schlug dem Kommandanten der Spanier, Pedro de Alvarado, einen einzigen, alles entscheidenden Kampf Mann gegen Mann vor; der Sieger sollte der Herrscher über das Maya-Reich sein. Alvarado nahm den Vorschlag an. Er sprengte in voller Rüstung auf einem herrlichen Pferd zum Kampfplatz. Tecún Umán, der so ein Tier noch nie gesehen hatte, trat seinem Gegner zu Fuß und ungepanzert entgegen. Über seinem Kopf kreiste ein bunt gefiederter Quetzal, ein prächtiger Vogel, der darauf abgerichtet war, seinen Herrn stets zu begleiten. Der Indio glaubte, Pferd und Reiter seien ein einziges Wesen. Er tötete das Pferd mit einem Lanzenstoß, sah dann aber zu seinem Erstaunen, dass der hellhäutige Krieger zu Fuß weiterkämpfte. Alvarado nutzte den Moment der Verblüffung und tötete zuerst den Quetzal. Tecún Umán versuchte entsetzt, den blutüberströmten Vogel im Fall aufzufangen, dabei erhielt er einen Lanzenstoß in die Brust. Er starb, das königliche Tier in den Händen haltend, sein Blut rötete auch die Brust des Quetzals. So endete damals die Freiheit der Maya, und heute feiern ihre Nachfahren mit einer seltsamen Mischung aus Schmerz und Stolz noch immer diese Katastrophe, der so viele weitere folgen sollten.

Das 25 000-Einwohner-Städtchen Tecún Umán liegt am Ufer des Río Suchiate, der die Grenze zum Nachbarland Mexiko bildet. Es ist ein staubiges, stinkendes Nest ohne Kanalisation, mit wenigen Asphalt- und vielen buckeligen Erdstraßen, dumpf in ewiger Hitze brütend, ein deprimierender Kontrast zur Aura, die seinen großen Namen umgibt. Tecún Umán bedeutet für die Menschen, die hier leben, nur Schmier- und Schmuggelgeschäfte, Bandenterror und Prostitution – der übliche Bodensatz, der sich in den meisten Grenzstädten Lateinamerikas sammelt.

Die Grenze bei Tecún Umán hat eine ganz eigene Attraktion. Hier enden die meisten Buslinien, die aus den Kleinstaaten der schmalen Landbrücke zwischen Süd- und Nordamerika herführen. Hier strömen Menschen zusammen, die alle die gleiche Richtung und den gleichen Traum haben. Sie kommen von Süden, sie wollen nach Norden, ihr Traum heißt auf Englisch »The American Dream« und auf Spanisch »El Sueño Americano«.

Tecún Umán ist für die meisten der Endpunkt ihrer legalen Reise. Bis hierher reicht die Gültigkeit des Dokumentes CA-4, mit dem sie Mittelamerika durchqueren können. Drüben, auf der anderen Seite des Flusses, beginnt der Weg in die Illegalität. Der einzige Weg, den sie für sich noch sehen. Der Weg in ein Abenteuer, von dem sie fast alle nur eine blasse Ahnung haben.

Die letzte Station, wo sie noch einmal durchatmen können, heißt Casa del Migrante, das »Haus des Migranten«. Es liegt im verrufensten Viertel der verrufenen Stadt, keine hundert Meter vom Fluss entfernt, versteckt hinter hohen Mauern und einem schweren, stählernen Tor. Drei Nächte haben die Gäste hier frei, dazu drei Mahlzeiten pro Tag, damit sie Kräfte sammeln können für das, was ihnen jenseits der Grenze bevorsteht.

Ein scheues Mädchen öffnet das Tor einen Spalt. Der Direktor, sagt sie, sei leider nicht da. Ein nicht minder scheuer Mitarbeiter, Mario Morales, kommt auf mich zu, windet sich, hebt bedauernd die Hände. Pater Ademar Barilli hat ihm eingeschärft, während seines Urlaubs außer den Migranten keinen fremden Menschen ins Haus zu lassen. »Bitte verstehen Sie«, sagt er und legt beide Hände auf die Brust, »hier ist schon so viel Schlimmes passiert. Ständig Drohungen. Ständig Gerüchte. Ständig Gewalt. Vor drei Tagen erst ist eine junge Frau hier herausgeholt und vergewaltigt worden. Ich darf Sie einfach nicht hereinlassen.«

Ein freundlich lächelnder Gottesmann blickt von einem Wandgemälde in den Innenhof. Er ist von Gestalten mit breiten Sombreros umgeben, von hell- und dunkelhäutigen Gesichtern, den Völkern Lateinamerikas, und von den Flaggen ihrer Staaten. Marios Scheu weicht ein wenig dem Stolz, als ich wenigstens um dieses eine Foto bitte. Das Bild wurde von ihm

Wandgemälde: Bischof Scalabrini, »Vater der Migranten«

geschaffen. Es zeigt Giovanni Battista Scalabrini (1839–1905), den Bischof von Piacenza, der zum »Vater der Migranten« und 1997 selig gesprochen wurde. Er sah im 19. Jahrhundert mit eigenen Augen, wie Millionen von Italienern aus dem Elend ihres Landes über den Atlantik nach Amerika flüchteten. Er hatte Sorge, dass ihre Seelen in der neuen, fernen Heimat für die Kirche verloren gingen. Und er zog daraus den Schluss, dass die Kirche für diese Völkerwanderung der neuen Zeit eine besondere Verantwortung habe. Scalabrini gründete zwei Missionsorden und eine Laienorganisation für Auswanderer. »Unser Auftrag ist«, so lautete seine Botschaft, »die Migranten den Glauben neu entdecken zu lassen.«

Heute gibt es in den zwei Kongregationen rund 700 Scalabrini-Brüder und gut 800 Scalabrini-Schwestern. Sie führen Zufluchtshäuser wie das in Tecún Umán und predigen vor den Elendsgestalten, die heute wie damals sich nach einem besseren Leben sehnen. »Ihr seid das Volk Israel«, ruft Pater Barilli, ein Italo-Brasilianer, ihnen bei seinen Messfeiern hier im Innenhof zu, denn ihr Treck nach Norden sei wie der vierzigjährige Marsch ins Gelobte Land, den die Israeliten unter der Führung des Moses von Ägypten aus durch die Wüste unternommen hätten.

Ich stoße in diesem Hof auf ein zweites Wandgemälde von Mario Morales. Eine Sonne leuchtet vor dem Sternenbanner, lässt eine Silhouette von Wolkenkratzern erstrahlen, und der Grenzzaun hat eine

Die Vision: freier Weg ins Land der Träume

breite Bresche. Scharen von Migranten strömen zu Fuß auf diese Lücke zu, mit nichts als einem kleinen Bündel bepackt, andere nähern sich per Boot oder per Eisenbahn. »Das ist der Traum, den sie alle haben«, sagt der Schöpfer des Werkes. »Sie haben ein Recht darauf, alles zu versuchen, damit er sich erfüllt.« Menschen, die ihnen im Geiste Scalabrinis beistehen, sehen in den Migranten »das Symbol eines neuen Volkes, für das jedes fremde Land Heimat und jede Heimat fremdes Land« ist. »Am Tisch des Herrn«, so lautet ihr Motto, »gibt es keine Grenzen.«

Einmal im Jahr ziehen junge Leute von der Casa del Migrante in einer Demonstration durch die Straßen von Tecún Umán. Am »Tag des Migranten«, Ende August, entrollen sie Spruchbänder mit der Aufforderung: »Nenne mich nicht einen Fremden. Sieh mir in die Augen, jenseits von Hass, Egoismus und Angst. Dann wirst du sehen, dass ich ein Mensch bin. Ich kann kein Fremder sein.«

An den anderen 364 Tagen des Jahres aber stehlen sie sich still und heimlich davon. Sie tragen Faltblätter mit sich, die ihnen Kirchenleute, Menschenrechtler und Rot-Kreuz-Mitarbeiter in die Hände gedrückt haben. In den Broschüren können sie nachlesen, welche Rechte sie auch als Illegale haben. Und sie finden Tipps für die Reise ihres Lebens, die alles, was schlecht war, zum Guten wenden soll. Tipps, die ahnen lassen, was sie auf dieser Reise erwartet.

In der linken Spalte einer solchen Broschüre steht, »was du tun sollst«. Zum Beispiel: »Trage geschlossene Schuhe!« Und: »Suche Orte mit Ventilation und Schatten.« Und: »Schließe dich einer Gruppe an!« In der rechten Spalte steht, »was du nicht tun sollst«. Zum Beispiel: »Setz dich nicht in Gestrüpp!« Und: »Heb keine Steine auf!« Und: »Reise nicht in Kisten versteckt!« Irgendwann in den nächsten, schweren Wochen, die nach Tecún Umán auf sie zukommen, werden sie mit hoher Wahrscheinlichkeit eine oder mehrere dieser Warnungen in den Wind schlagen.

Vor dem Aufbruch sprechen viele von ihnen das Gebet des Migranten: »Herr, lass mich nicht allein auf meinem Weg nach Norden. Ich glaube, dass wenigstens du mich verstehst, denn du warst ja auch ein Wanderer, hattest Familie, bist verjagt worden. Herr, lass uns nie den Glauben verlieren – und erst recht nicht die Hoffnung, im Gelobten Land anzukommen.«

Das schrille Signal

*»Hoffnung ist der krankhafte Glaube
an den Eintritt des Unmöglichen.«*
Henry Louis Mencken
Amerikanischer Schriftsteller

AUCH DIE STADT JENSEITS DES FLUSSES trägt den Namen eines Helden. Miguel Hidalgo y Costilla, der Pfarrer des Dorfes Dolores, ließ im Morgengrauen des 16. September 1810 die Kirchenglocken läuten, um Bauern und Viehzüchter zu den Waffen zu rufen. So begann der Kampf der Mexikaner um ihre Unabhängigkeit. Dreihundert aufständische Gesinnungsgenossen schlossen sich ihm nach der ungewöhnlichen Sonntagspredigt an. Binnen weniger Tage schwoll Hidalgos Truppe zu einem Heer von 50 000 an, die das Joch der fast 300-jährigen Kolonialherrschaft abschütteln wollten. Ein halbes Jahr später fiel Hidalgo in die Hände der Spanier. Als er vor dem Exekutionskommando stand, sprach er als seine letzten Worte mit lauter und inbrünstiger Stimme den Psalm »Erbarme dich meiner«. 1821 aber hatten die Mexikaner gewonnen – es war der Anfang vom Ende des spanischen Imperiums.

Der Alltag in Ciudad Hidalgo ist von Glorie nicht weniger weit entfernt als in Tecún Umán. Es wimmelt von Schmugglern, Räubern und käuflichen Mäd-

Río Suchiate: Schmuggel über Wasser

chen, die sich in finsteren Spelunken mit betrunkenen Freiern einlassen. Träge und dröge treibt der Alltag dahin. Nur nachts, wenn die Finsternis sich gnädig um die schäbigen Häuser legt, gibt es in diesem Städtchen eine Stelle, wo eine wilde Hoffnung auflebt.

Der Weg von der guatemaltekischen Seite zu dieser Stelle hat eine ominöse Symbolik. Er ist gerade mal einen Kilometer lang, und auf diesen tausend Metern drängen sich in komprimierter Form alle wichtigen Erscheinungen zusammen, die illegale Immigranten von nun an wochenlang erleben werden: Die Grenze steht nur auf dem Papier, Gesetzeshüter werden zu Gesetzesbrechern, es gibt Menschen, die heimlich zu dir halten, aber auch solche, die dich verraten – und immer welche, die ein Geschäft mit dir machen wollen.

Der Río Suchiate, der Guatemala von Mexiko trennt, ist selbst in der Regenzeit nicht besonders tief. In den trockenen Monaten von November bis Mai reicht das Wasser allenfalls bis an die Hüfte. Das hat zur Folge, dass auf diesem Fluss mehr Grenzverkehr herrscht als auf den beiden Straßenbrücken, die ihn zwischen Tecún Umán und Ciudad Hidalgo überspannen. Hier unten an den Ufern gibt es keine Schranken, keine Passkontrolle, keine Stempel. Hier herrschen eigene, eigenartige Gesetze.

Ein schwitzender, lustloser Polizist schaut auf dem letzten Stück Guatemala dem Treiben zu. Männer auf *tricis*, dreirädrigen, Rikscha-ähnlichen Fahrradtaxen, keuchen mit ihren Ladungen heran. Auf dem Fluss schwimmen Dutzende von prall aufgepumpten Schläuchen, wie sie für große LKW-Reifen verwendet werden. Jeder Schlauch hat eine Plattform, zusammengenagelte und festgezurrte Bretter, die Platz für Menschen und Waren bieten. *Camaras* heißen diese handgemachten Flöße aus Holz, Gummi und Luft. Männer mit langen Stangen staken sie für einen kleinen Obolus über die fünfzig bis hundert Meter, die der Fluss an dieser Stelle breit ist. Händler schleppen hüben wie drüben Kartons, Kisten und Säcke herbei, Bierdosen und Bügeleisen, Töpfe und Transistorradios, Maiskolben und Mangofrüchte, alles geht hier zollfrei über die Grenze. Irgendeine Sekte hat in dem Gewusel einen Lautsprecher mit plärrender Kirchenmusik postiert; ein Mann und

Der tägliche Warenverkehr

eine Frau schreien beschwörend in ein Mikrofon, dass Gott und nur Gott der Weg zur Erlösung sei.

Die Migranten spähen hinüber nach Ciudad Hidalgo, wo ein paar mexikanische Soldaten Dienst am Ufer tun. Niemand weiß so richtig, welche Anweisungen sie haben. Manchmal schnappen sie sich eine Person, stellen sie mit dem Gesicht zur Wand und tasten sie von oben bis unten ab. Manchmal schleppen sie jemanden in ihren Verschlag zum Verhör. Meist aber sitzen sie tatenlos da oder lassen sich gleich gar nicht blicken. Es gilt, den geeigneten Moment zu erwischen, für ein paar Münzen kriegt man schon den richtigen Tipp. Dann stehlen die Illegalen sich einzeln oder zu zweit mit den *camaras* hinüber. Tun so, als seien sie Tagespendler. Tragen ihr bisschen Geld an Körperstellen, wo sie es sicher vor einem schnellen Zugriff wähnen. Tauchen unter in dem Gewühl und streben der berühmten, der einzigen Stelle zu, für die es sich lohnt, nach Ciudad Hidalgo aufzubrechen. Es ist der Bahnhof, gleich hinter dem Hauptplatz.

An diesem Bahnhof kann man kein Ticket kaufen, denn Personenzüge gibt es schon seit langem nicht mehr. Dafür wird hier an jedem Werktag ein Güterzug nach Norden zusammengestellt. Es ist ein stundenlanges, quälend langsames, für jeden Außenstehenden undurchschaubares Rangieren, bis die Waggons in der richtigen Reihenfolge aneinander hängen. Zucker und Zement kommen hier auf die Schiene, Dünger und Dieselöl, Propangas und Benzin. Die eingleisige Strecke, die in Ciudad Hidalgo beginnt, ist im Besitz der mexikanischen Eisenbahngesellschaft Chiapas-Mayab, die wiederum der amerikanischen Firma Genesee & Wyoming Inc. gehört. Dieses Unternehmen wurde 1899 gegründet, den Anfang machte eine 14-Meilen-Strecke für Steinsalztransport im westlichen Teil des Staates New York. Heute operiert Genesee & Wyoming Bahnstrecken in den USA und Kanada, in Australien, Bolivien und Mexiko. Was das letztgenannte Land betrifft, so haben dort die Güterzüge dieser Firma das besondere Merkmal, das sie doch Scharen von Menschen transportieren – Passagiere, die nie dafür zahlen.

Die zwei Dieselloks, die heute angespannt werden, müssen warten, bis der Gegenzug eintrifft. Das kann Stunden, viele Stunden dauern. Es gibt zwar so etwas wie einen Fahrplan, aber der steht genauso auf dem Papier wie die Grenze. Emilio González, der Bahnhofschef, registriert die Verspätung mit gleichmütigem Lächeln. Er hat sich, schließlich ist er Mexikaner, in dem Chaos gut eingerichtet. Seine Wohnung liegt im Bahnhofsgebäude gleich über dem Büro mit der sanft säuselnden Klimaanlage, er muss nicht einmal Miete zahlen. Seine Frau kocht für ihn drei Mal am Tag, die drei Kinder – zwei Söhne, eine Tochter – haben einen spannenden Spielplatz, und zwischen den Gleisen ist allemal noch Platz für seinen kleinen Hühnerstall. Er ist dreißig, war eineinhalb Jahre Lokführer, also kennt er die Probleme, und weil er außerdem etwas von Computern und Buchhaltung versteht, haben sie ihm diesen Job hier gegeben. Neben seinem Schreibtisch wacht ein mächtiger Hahn aus Plastik, in diesen Breiten ein beliebtes Symbol für Männlichkeit, über einen farbenprächtigen Zug – ein passendes Spielzeug, denn die Liebe des Stationsvorstehers gilt noch immer der Lok.

Wir reden über Fußball, Biersorten und Eisenbahnen in Deutschland, während über Funk die Streckenmeldungen vom Gegenzug einlaufen. Die Dämmerung bricht herein, und je dunkler es wird, umso mehr brodelt das Leben da draußen auf den Schienen. Sind es 200, 250 oder 300, die heute auf die Abfahrt lauern? »Es sind auch schon 500 gewesen«, sagt González. »Was soll man gegen so viele Leute machen?« Er meldet es seinen Vorgesetzten, und die melden es den Behörden. Was dann passiert, ist nicht

Flussdurchquerung zu Fuß …

… und mit Reifen und Brett

seine Sache, er ist Bahnhofs- und nicht Polizeichef, er hat genug mit Verspätungen, defekten Schienen und kaputten Loks zu tun. »Lassen Sie ruhig Ihren Rucksack hier bei mir«, sagt er. »Ich kann ja erst dann von hier weg, wenn auch der Zug fort ist.«

Drei Wächter, mit Pistolen bewaffnet, patrouillieren draußen auf dem Bahnhofsgelände. Sie verschließen und verplomben alle abfahrbereiten Waggons, damit sich niemand in ihnen verstecken kann. Aber was sollen sie tun gegen die Massen von Menschen, die anfangen, sich an die Güterwagen zu hängen? Sie können eine Gruppe herunterjagen, aber kaum haben sie sich umgedreht, springt die irgendwo anders wieder auf den Zug. Sie sind vom Sicherheitsdienst, jedoch keine Polizisten, also dürfen sie auch niemanden festnehmen. Sollen Sie es der Polizei melden? Das ist vollkommen überflüssig, denn die Polizei weiß nur zu gut, was sich hier jeden Werktag in den Abendstunden abspielt. Wenn sie diese Zusammenrottung verhindern wollte, hätte sie keinen einzigen Mann mehr für andere Aufgaben – dann hätten all die großen und kleinen Delinquenten endgültig freie Bahn in Ciudad Hidalgo. Also tun die drei Wächter ihren Dienst, wie es unter diesen Umständen eben geht. Sie halten die Elendsgestalten wenigstens vom Bahnhofsbüro fern. Was weiter vorn passiert, wo das Gebüsch beginnt, sehen sie nicht und wollen sie nicht sehen, der Strahl ihrer Taschenlampen reicht Gott sei Dank immer nur ein paar Waggons weit.

Ich schlendere dahin, wo es keine Patrouille mehr gibt. Die jungen Leute, fast alles Männer, ein paar wenige Frauen, die dort unter Palmen und Bananenstauden lungern, sehen mich mit großen Augen an. Bin ich ein getarnter Polizist? Ein Spion der Einwanderungsbehörde? Oder ein berufsmäßiger Schleuser? Die Augen werden noch größer, als ich ihnen sage, dass ich wie sie mit dem Zug fahren will. Wieso, sagen ihre Blicke, kommt ein Mann aus Deutschland, um sich das anzutun?

Das Misstrauen weicht mit den Stunden, die ich mit ihnen verbringe. Sie tragen Jeans und T-Shirts und meistens ein zweites Hemd oder einen leichten Anorak um die Hüfte gebunden. Ihre Habseligkeiten sind in Plastiktüten und kleine Rucksäcke gestopft. Das ist das Gepäck, mit dem sie auf die Reise ihres Lebens gehen. Vermutlich bin ich der Erste, der sie fragt, warum sie das tun. In den Ländern, aus denen sie kommen, wird ihnen kein Mensch eine solche Frage stellen. Alle wissen dort die Gründe. Sie summieren sich in der Standardfloskel: »Wovon soll ich sonst leben? Es gibt keine Zukunft in meinem Land.«

Ein paar Arme strecken sich von hinten über die Köpfe der anderen zu mir her. Sie halten mir Geldscheine entgegen – Lempira, die Währung des Landes Honduras.

»Wieso wollt ihr mir das Geld geben?«, frage ich. »Ihr habt doch selber so wenig davon.«

»Nimm es, wir schenken es dir«, sagen sie. »Wir brauchen dieses Geld ja nie mehr.«

Ich greife nach den Scheinen und glätte sie feierlich, ehe ich sie in meinen Geldbeutel stecke. Ich begreife, dass dies ein feierlicher Akt ist. Sie haben mir ihre letzten Lempira gegeben. Dies ist nicht der äußere, sondern der innere Abschied von ihrer Heimat.

Sie waren Land-, Hilfs- und Gelegenheitsarbeiter, Schuh-, Brot- und Süßwarenverkäufer, hatten vielleicht sogar einen kleinen Laden. Aber was immer sie auch machten, mehr als umgerechnet fünf bis zehn Euro kamen am Ende pro Tag nicht heraus. »Señor, es reichte nicht mal für mich allein«, sagen sie. »Wie soll ich damit eine Familie ernähren?« Sie beginnen, sich um mich zu drängen. Es ist wohl das erste Mal, dass jemand sich ernsthaft für ihr Leben interessiert. Sie sind illegal, und trotzdem zupfen sie mich von allen Seiten, um mir Name und Alter zu geben. Ich notiere und notiere, Seite um Seite in meinen Notizblock, jeder kämpft um diesen kleinen Ehrenplatz: Rudi Mejía, 26, Leonidas Mejía, 24, Humberto Mejía, 25, Alwin Arián Mejía, 20, Carlos Eduardo Elur, 18, José María Hernández, 21, Juan Carlos Peraza, 16, Laura Axume, 30, Carlos Enrique Briznela, 19, Alva Luz Aldana, 17, Olga Cabrera, 23, José Soto, 20, Gabriel Rodríguez, 29, Antonio Orellana, 19, Milton Vela, 31, José Antonio Avila, 18, José Alexander Cáceres, 18, Santos López, 35, Melvin Vidal Randales, 37, Naúm Velázquez, 34, César Alexander González, 20, Eric Rolando Sierra, 28, Eduardo García, 22, Antonio Angel, 21, Omar Paez Mendoza, 22, José Domingo, 22, Oscar Mauricio Cruz, 19, Oscar Alexis López, 20, Juan Carlos Borja, 23, Elder Santizo, 18, José Antonio Cáceres, 18, William Armando Cruz, 23, Francisco Obregón Escóbar, 24, Oscar Rafael Dávila, 18, Guillermo Williams, 27, Orlando López, 24 … Ich lasse erschöpft die Hand sinken, nein, bitte nicht mehr, es reicht. Die Leute, deren Namen aufgeschrieben sind, ziehen sich stolz zurück. Ab diesem Tag, auf diesem Zug werden sie ein Stück Geschichte schreiben – zumindest für sich, für Frau und Kinder, für Freunde und Verwandte.

Es scheint, als machten sie sich gegenseitig Mut, wenn sie über die bevorstehende Reise reden. Mit Worten lassen sich die Zweifel, die Unsicherheiten, die Ängste verdrängen. »Wir schaffen es«, sagen sie. »Wir müssen es schaffen. Wir haben keine andere Wahl.« Was wissen sie über die Länge der Strecke, über die Hindernisse, über die Gefahren? Ich ziehe einen Zeitungsartikel aus der Tasche, der tags zuvor erschienen ist. Er zeigt den in Weiß gehüllten Nevado de Colima, einen Berg im Norden Mexikos, schneebedeckt bis zum Fuß, in seiner Nähe führt eine der Eisenbahnstrecken in Richtung USA vorbei. Es ist Ende Januar, der Winter hat die Hälfte des Landes fest im Griff, nachts sinken die Temperaturen bis unter null. Diese Leute aber, die noch nie im Leben Frost erlebt haben, machen sich mit T-Shirts auf den Weg. Siebzig Menschen, schreibt die Zeitung, sind der Kälte schon zum Opfer gefallen, davon neununddreißig im Bundesstaat Chihuahua, zehn in Sonora, sechs in Veracruz, vier in Nuevo León, drei in Zacatecas und Durango, je einer in Coahuila, Guanajuato, Puebla, Baja California und San Luís Potosí. Die Migranten blicken mich stumm und trotzig an, dann löst sich die Gruppe nach und nach auf. Sie brauchen Leute, die ihnen Hoffnung machen, und nicht solche, die ihnen Angst einjagen.

Es ist zehn Uhr vorbei, der Gegenzug läuft ein. Die Spannung stundenlangen Wartens weicht der erlösenden Aktion. Sie steigen auf schmale Plattformen, die es an den Güterwagen gibt. Sie hängen sich an Haltestangen von geschlossenen Waggons, knapp über den Rädern, Kupplungen und Bremsschläuchen. Ein paar Verwegene klettern gar bis aufs Dach und suchen dort nach Haltegriffen. Dann schrillt das Loksignal durch die Nacht, es dringt bis in den hintersten Winkel der Stadt und bis hinüber auf die andere Flussseite. Die Fahrt, von der sie alle geträumt haben, beginnt. Der kürzeste Weg von hier in die USA führt nach Nuevo Laredo an der Grenze zu Texas. Es sind, ich habe es mit Hilfe der Bahnleute ausgerechnet, 2555 Kilometer.

Helfer und Häscher

»Das große unzerstörbare Wunder
ist der Menschenglaube an Wunder.«
Jean Paul
Deutscher Schriftsteller

Staatsgrenzen, sagen uns Banker und Firmenmanager, gehören eigentlich der Vergangenheit an. Die Kapitalströme unserer Zeit fließen an Pass- und Zollstationen vorbei. Die Konzerne verflechten sich international und errichten ihre eigenen Strukturen. So entscheiden sie darüber, wo Menschen Arbeit finden und wo nicht. Staaten müssen sich, wenn sie in der globalisierten Wirtschaft bestehen wollen, zu Wirtschaftsblöcken zusammenschließen. Innerhalb dieser Blöcke verlieren die Grenzen noch weiter an Bedeutung.

Aber dort, wo Menschenströme fließen, sind die alten Schranken plötzlich doch wieder da. Mit ihrer Hilfe grenzen sich, wie das Wort sagt, Staaten voneinander ab. Immer wenn es um Menschen geht, sind es stets die reichen Länder, die ihre Tore gegenüber den armen schließen, und die Grenzen treten in ihrer vollen Schärfe wieder hervor. Sie teilen die Welt gnadenlos in verschiedene Klassen ein. Die Züge, die illegale Migranten durch Mexiko transportieren, verbinden Staaten, die – so würden

Fußballer sagen – in drei verschiedenen Ligen spielen.

Im Norden liegt das reichste und mächtigste Land der Welt. Das statistische Pro-Kopf-Einkommen – Babys und Rentner eingeschlossen – beträgt in den USA jährlich 40 000 Dollar. Millionen von Einwanderern, die ein besseres Leben suchten, haben die Vereinigten Staaten groß gemacht. Und für Millionen sind sie noch immer das Land der unbegrenzten Möglichkeiten.

In der Mitte, geografisch wie auch statistisch gesehen, liegt ein so genanntes Schwellenland. Mexiko, flächenmäßig fünfeinhalbmal größer als Deutschland, funktioniert zum Teil wie ein hochentwickelter Industriestaat, zugleich aber gibt es noch immer weite Regionen mit Dritte-Welt-Charakter. Das jährliche Pro-Kopf-Einkommen beträgt 9600 Dollar. Verglichen mit seinen Nachbarn im Norden ist Mexiko arm – verglichen mit seinen Nachbarn im Süden allerdings reich.

Denn südlich von Mexiko, wo der Kontinent Amerika sich auf den Atlanten wie zu einem Darmstück verengt, liegen die Länder, die seit ihrem Entstehen aus der Erbmasse des spanischen Kolonialreichs in der dritten Liga spielen. Sie hegen auch so gut wie keine Hoffnung, aus dieser Klasse jemals aufsteigen zu können. Scharen von Menschen, die der Armut dieser Ländern entkommen wollen, sind der lebende Beweis dafür.

Guatemala, etwa so groß wie die einstige DDR, wurde ein Jahrhundert lang von Großgrundbesitzern und autoritären Caudillos regiert. Die erste Regierung, die radikale Landreformen beschloss, wurde 1954 mit Hilfe des US-Geheimdienstes CIA gestürzt, weil amerikanische Großfirmen wie die United Fruit Company ihre Interessen gefährdet sahen. 36 Jahre lang tobte ein Bürgerkrieg zwischen linksgerichteten Guerilleros und den herrschenden Militärs. 100 000 Menschen kamen dabei ums Leben, eine Million wurden zu Flüchtlingen. 1996 schlossen Regierung und Rebellen zwar ein Friedensabkommen, doch Korruption und Kriminalität lähmen bis heute das Land, in dem die Nachfahren der Maya fast die Hälfte der Bevölkerung stellen und 23 Indiosprachen offiziell anerkannt sind. Das jährliche Pro-Kopf-Einkommen liegt bei 4200 Dollar. Der Arm der Drogenmafia reicht bis in die höchsten Stellen der Regierung, und unter den knapp 15 Millionen Einwohnern kursieren schätzungsweise eineinhalb bis zwei Millionen Waffen. »Die Leute wissen, dass sie nicht bestraft werden«, schreibt die Tageszeitung »Prensa Libre«, »so nehmen sie alle das Gesetz selber in die Hand.« Wenn Schüler gefragt werden, weshalb sie nicht mehr lernen wollen, lautet die häufige Antwort: »Wozu denn? Ich gehe sowieso in die USA, und dort nützt mir das nichts.«

Honduras, geringfügig größer als Guatemala, bekam 1982, nach 25 Jahren Militärdiktatur, eine frei gewählte Zivilregierung. Doch es blieb, mit einem jährlichen Pro-Kopf-Einkommen von weniger als 3000 Dollar, das ärmste Land Lateinamerikas. Der verheerende Hurrikan »Mitch« versetzte ihm 1998 fast den Todesstoß: Mehr als die Hälfte aller Straßen wurden weggeschwemmt, die Wasserversorgung brach zusammen, und 11 000 Menschen verloren ihr Leben.

El Salvador, das kleinste Land der Region, flächenmäßig nicht größer als Hessen, war wie die beiden anderen Länder immer nur Rohstofflieferant. Ausgedehnte Wälder mussten einer Kaffeemonokultur weichen, die dem Auf und Ab der Weltmarktpreise hilflos ausgeliefert war – genauso wie die Zucker- und Bananenproduzenten in den Nachbarländern. Die blutigen Kämpfe zwischen aufständischen Guerilleros auf der einen, Militär und Todesschwadronen auf der anderen Seite dauerten zwölf Jahre und forderten 75 000 Tote. Seit 1992 herrscht zwar Friede, die Armut aber ist geblieben. Das jährliche Pro-Kopf-Einkommen liegt bei knapp 5000 Dollar.

Heerscharen von Analysten, Wirtschafts- und Finanzexperten haben schon versucht, die Wurzeln des Elends zu ergründen. Die Weltbank, der Weltwährungsfond, die Interamerikanische Entwicklungsbank – sie alle haben Rezepte entworfen und Projekte gestartet, um den Ländern auf die Beine zu helfen. Doch sie alle konnten den Teufelskreis nicht

Illegale vor der Deportation

durchbrechen, der mit überforderten Eltern und schlechter Schulbildung in breiten Schichten der Bevölkerung beginnt und sich damit schließt, dass eine kleine, reiche Oberschicht die Politik und die Politiker bestimmt und die Geschäfte des Staates auf die eigenen Geschäfte zuschneidet. So bleibt den Armen im Grunde nur das Motto »Rette sich, wer kann«. Die Menschenrechtskommission für Zentralamerika kam in einer Studie zu dem Schluss: »Das Ausmaß des Phänomens hat die Fähigkeiten der Regierungen dieser Region überstiegen.«

Mexiko, das Transitland für den unablässigen Strom von Migranten, spielt als Mittelstufe dieses Drei-Klassen-Gefälles eine eigenartige Doppelrolle. Es steht unter ständigem Druck der USA, das Heer von illegalen Einwanderern schon an seiner Südgrenze, auf jeden Fall aber vor der Nordgrenze zu stoppen. Es will auch nicht durch lasche Kontrollen

Hilfe für Illegale: Grupos Beta

die Drogenmafia und andere Verbrechersyndikate gleichsam einladen. Daher mobilisiert es große Teile seiner 300 000 Streitkräfte und 275 000 Polizisten, um Illegale aus dem Land zu vertreiben. Doch gleichzeitig produziert Mexiko selber Jahr für Jahr Hunderttausende von Illegalen, die heimlich über die Grenze in die USA wollen. So sind die Regierung und die Behörden hin- und hergerissen zwischen dem Gesetz, das sie zum Handeln gegen Illegale zwingt, und dem Verständnis, das sie aus eigener Erfahrung für die Motive der Illegalen haben.

Der Versuch, zugleich Härte und Hilfsbereitschaft zu zeigen, wirkt manchmal beinahe schizophren. Während die Einwanderungsbehörde zusammen mit Polizei und Militär die nächsten Einsätze gegen Illegale vorbereitet, schwärmen Mitarbeiter der »Grupos Beta«, die der Behörde direkt unterstellt ist, zu den Plätzen aus, an denen sich Migranten üblicherweise sammeln. Sie geben ihnen Tipps für die Reise, bringen Proviant in Dosen, fragen nach Misshandlungen und verteilen Infobroschüren mit dem Titel »In Mexiko schützen dich die Gesetze«. Darin steht, dass Illegale im Fall der Festnahme nicht von Minderjährigen getrennt werden dürfen, die ihnen anvertraut sind. Dass sie auch in der Gefängniszelle ein Recht auf Hygiene, Ernährung und medizinische Behandlung haben. Dass sie die Botschaft ihres Landes anrufen dürfen. Das ein Uniformierter von ihnen weder Geld noch sexuelle Gefälligkeiten verlangen darf.

Die Welt der Migranten ist ebenfalls eine Drei-Klassen-Gesellschaft: Eine kleine Minderheit kann es sich leisten, 6000 bis 7000 Dollar für Schleuser zu zahlen – diese Illegalen reisen bequem im Flugzeug, ausgestattet mit gefälschten Papieren, und werden mit Hilfe geschmierter Bediensteter durch die Passkontrollen gelotst. Eine etwas größere Gruppe verfügt immerhin über ausreichend Geld, um mit Bussen und Taxen durch Mexiko zu reisen – diese Illegalen bestechen Uniformierte, um dadurch der Festnahme zu entgehen. Die weitaus größte Gruppe aber hat dafür nicht die Mittel – diese Illegalen haben nur eine Chance: den Zug. Der wird zwar ebenfalls kontrolliert, aber die Chancen, einer sol-

Francisco Aceves, Chef der Grupos Beta in Tapachula

chen Razzia zu entgehen, sind deutlich größer. So klammern sie sich an die Eisenbahn wie an einen stummen, gutmütigen Helfer – tage-, nächte-, wochenlang.

Schreie in der Nacht

»Und manchmal träumte er, ein Rabengeier zu sein. Sanft zu fliegen, wie Rabengeier es tun. Bis er jenes Dorf hinter sich ließ, wo nie etwas Interessantes passierte.«
Juan Rulfo
Mexikanischer Schriftsteller

Die Nacht hat im Süden Mexikos etwas Verführerisches. Sie deckt alle Wunden des Tages zu. Die Bettler haben sich bis zum Morgen verkrochen. An den Autos sind die Beulen nicht zu sehen. Plastikmüll, achtlos an den Straßenrand geworfen, wirkt im Schimmer des Mondlichts weniger hässlich. Verschmutzte Bäche sind nur ein glattes, dunkles Band. Und die schiefen, brüchigen Hütten, die entlang der Bahnstrecke von Ciudad Hidalgo nach Tapachula stehen, sind auch nur noch sanfte Schatten.

Die Luft ist lau, ein wahrer Genuss nach der heißen Schwüle, die erst mit dem Sonnenuntergang weicht. Ein paar Sterne strahlen am Himmel, wie ein schüchternes Angebot zur Versöhnung nach den Stunden der stechenden Sonne. Für kurze Zeit schließt die Natur Frieden mit den Menschen.

Ich sitze ganz vorn auf der Diesellok und lasse mich vom Fahrtwind umwehen. Vom ungemütlichen Führerhaus, dessen Fußboden voller Laub und Staub ist, geht es ein paar Stufen nach unten, dann durch eine Tür hinaus ins Freie. Dort kann man sich auf das klei-

Menschentrauben auf dem Zug: Am ersten Tag …

ne Treppchen setzen und hat nur noch den Schienenstrang vor sich, der im Licht der Scheinwerfer blinkt. Das Buschwerk zu beiden Seiten rückt so dicht an das Gleis heran, dass Blätter und Zweige oft gegen das Eisengeländer neben mir klatschen. Manchmal muss ich mich flach auf den Rücken legen, damit sie mir nicht von oben ins Gesicht schlagen.

Wenn ich die Augen schließe, komme ich mir vor wie auf einem Schiff. Die Lok schwankt hin und her, in gleichmäßigen, endlosen Pendelschlägen, als sei sie ein wuchtiges Metronom. Mit der Lok schwankt der ganze Güterzug durch die Landschaft, neunundzwanzig Waggons, so steht es in den Frachtpapieren, ein Dutzend soll unterwegs noch dazukommen. Unsere Geschwindigkeit darf zwanzig Stundenkilometer nicht überschreiten. denn diese Strecke verträgt nicht mehr. Die heftigen Regengüsse, die hier im Bundesstaat Chiapas niedergehen, unterspülen die Schwellen, und so lockert sich die ganze Schienenstruktur. Bei einem höheren Tempo würde der Zug aus dem Gleis springen. Jede Bahnfahrt dauert daher eine Ewigkeit.

Ich habe von der Eisenbahngesellschaft Chiapas-Mayab die Erlaubnis bekommen, auf diesem Zug mitzufahren. Die Lok bietet zwar nur zwei Sitze, den einen für den Lokführer, den anderen für den Zugführer, aber mein prall gefüllter Rucksack, der zwischen den beiden auf dem Boden liegt, ist Polster genug, wenn die Beine müde werden. In jedem Fall, so kalkuliere ich, habe ich hier einen halbwegs

... sind die Illusionen noch ungebrochen.

geschützten Platz. Ich kann erst mal Beobachtungen machen, kann mich vielleicht langsam nach hinten tasten, doch meine Sachen und mein Material bleiben in Sicherheit. Ich bin der einzige Passagier dieses Zuges, der legal nach Mexiko eingereist ist, also droht mir keine Deportation. Wenn ich zudem noch die Genehmigung des Unternehmens habe, werden sie mich bei einer Kontrolle wohl auch nicht herunterholen. Das sind meine Gedanken, während wir durch das Dunkel rumpeln.

Vor vier Tagen, erzählt Arsenio de la Paz, der Lokführer, brannte mitten auf dem Gleis plötzlich ein Feuer. Er musste bremsen, brachte den ganzen Zug zum Halten, und das genau war es, was die Zündler wollten. Blitzschnell tauchten sie aus der Finsternis auf, holten sich die Leute vom Zug, von denen sie glaubten, dass sie außer Hose und Hemd auch noch etwas anderes am Körper trugen. »Es war ein wildes Geschrei, irgendwo weiter hinten«, sagt Arsenio und zuckt die Achseln. »Natürlich habe ich per Funk um Hilfe gerufen, aber bis hier mal die Polizei kommt, ist die Sache natürlich längst gelaufen. Was soll ich machen, Señor, wir auf der Lok sind zwei, die Räuber sind sechs oder acht oder zehn, die können sich unter Dutzenden ihre Opfer aussuchen. Und die Ausgeplünderten werden nie zur Polizei gehen – denn dann wären sie ja selber dran.«

Ich taste mich auf die Rückseite der Lok. Da hinten hängen sie an den Waggons, schemenhaft sind die Konturen von Köpfen, Armen und Beinen zu erkennen. Die ganze Nacht dürfen sie den Griff nicht lockern, mit dem sie sich an die Waggonstangen klammern. Ein kurzes Einnicken, eine Sekunde Schwäche genügt, und die Reise ihres Lebens ist schon hier zu Ende. Ein paar wollten sich mit ihrem zweiten Hemd festknoten, so haben sie es mir vor der Abfahrt demonstriert, andere wollten den Hosengürtel dafür hernehmen. »Das Ziel«, so sagten sie, »gibt uns die Kraft, das durchzustehen.« So hangelt sich jeder von ihnen auf weniger als einem Quadratmeter Standfläche durch die Nacht. Und hämmert sich gegen die aufkommende Müdigkeit ein: Festhalten, bloß festhalten, und immer die Augen auf! Wer freies Blickfeld hat, muss gucken, ob sich da vorn was bewegt.

Um zwei Uhr fahren wir in Tapachula ein, der ersten größeren Stadt an der Strecke. Für die einundvierzig Kilometer haben wir mehr als zwei Stunden gebraucht. Eine Hundertschaft aus dunklen Gestalten hat am Bahnhof auf uns gewartet. Sie sind von einer weiteren Casa del Migrante gekommen, das der Scalabrini-Orden hier führt. Sekunden später haben sie sich auf die letzten freien Waggonplätze geschwungen. Nun sitzen sie sogar oben auf den Dächern, der Zug ist schwarz von blinden Passagieren, von Polizisten ist weit und breit keine Spur. Es ist, als hätten die Migranten hier alle eine Injektion bekommen. Sie johlen und jubeln und fuchteln,

Eine Kurve gibt den Blick frei: blinde Passagiere

obwohl sie doch eigentlich nie loslassen wollten. Keine Räuber, keine Männer in Uniform, das erste Stück ist exzellent gelaufen. Jetzt nur nicht daran denken, was noch alles kommen kann. Du hast ja keine Chance, aber nutze sie …

Es sind noch 2514 Kilometer bis Nuevo Laredo. Die Erfolgsaussichten für diese Fahrt drücken sich in einer Schätzung von Kennern der Strecke so aus: Von hundert Leuten, die an der Südgrenze auf den Zug steigen, kommen drei an der Nordgrenze an.

Der erste Schlag

»Erfahrung ist fast immer eine Parodie auf die Idee.«
Johann Wolfgang von Goethe
Deutscher Schriftsteller

Der neue Tag ist das neue Glück. Sie haben in der Nacht die Angst und den Schlaf besiegt. Haben sich selber gezeigt, welche Kräfte in ihnen stecken. Nun nähren die ersten Sonnenstrahlen ihre Hoffnung. Sie sehen die Landschaft an sich vorbeiziehen, quälend langsam zwar, aber was bedeuten Stunden, wenn es um ein neues Leben geht. Sie lösen fünf Finger von ihren Haltegriffen, um die Hand einmal kräftig durchzuschütteln, und nutzen die Lockerungsübung, um mir zuzuwinken. »*Todo bién*«, rufen sie, »alles okay!« So machen sie sich gegenseitig munter.

Das Polizeiauto, das durch Buschwerk halb verdeckt an einem Feldweg steht, sehen sie erst, als sie an ihm vorbeirauschen. Es ist sechs Uhr morgens, der Zug ruckt ein paar Mal, dann steht er. Die Polizisten haben den Lokführer über Funk zum Halten aufgefordert. Nun springen die Illegalen in wilder Hast herunter, suchen irgendwo das Weite, um den Häschern in Uniform nicht in die Hände zu fallen. Aber hier schwärmt noch niemand aus. Der Zug

Razzia durch Soldaten: Illegale auf der Flucht

setzt zweihundert Meter zurück, dann ist Stille. »*Revisión*«, sagt der Lokführer gleichmütig und nimmt aus seiner Wasserflasche ein paar Schlucke. Zehn Minuten später kriegt er von der Polizei die Genehmigung zur Weiterfahrt. Die Migranten, die sich in der Nähe versteckt haben, rennen herbei, schwingen sich wieder nach oben, zählen ab, wer unten geblieben ist, und wissen, dass die Stunden des Übermuts wohl gezählt sind.

Die Polizisten haben sich den Zug in aller Ruhe angesehen. Sie haben seine Länge, die Zahl und Art der Waggons notiert und die Zahl der Mitfahrer geschätzt. Diese Daten werden sie weitergeben – an die Einsatztruppe, die zuschlagen soll.

Zugführer Arsenio de la Paz

Die Stunden verrinnen, und nichts passiert. In Sesecapa wird noch ein Öltankwagen an den Zug gehängt. In Mapastepec stoppen wir zum Frühstück, die zwei Leute von der Lok verschwinden in einer Taco-Bude. Kurz vor Pijijiapan halten wir, weil da die Mutter des Lokführers wohnt. Sie schlägt gerade Reisig mit einer Machete, glättet sich dann aber freudig die Schürze, um ihren Sohn in den Arm zu nehmen. Er steigt mit einer Rolle Klopapier vom Zug, zu Hause ist es halt doch am schönsten. Die Migranten weiter hinten rätseln, was denn jetzt schon wieder los ist.

Arsenio de la Paz fährt seit 23 Jahren mit der Lok. Er hat sich angewöhnt, von seinem Führersitz mög-

Leguane: Stopp für ein Schnäppchen

lichst nur nach vorne zu blicken. Wenn schon die großen Politiker das Problem nicht lösen können, was soll sich ein Eisenbahner darüber den Kopf zerbrechen? Sein Job ist, Frachtgüter heil an ihr Ziel zu bringen – um die menschliche Fracht sollen sich andere kümmern. »Es sind viele anständige Leute darunter, aber auch ein paar böse«, sagt der 41-Jährige. »Señor, seien Sie vorsichtig. Der mit dem nettesten Gesicht ist manchmal der größte Ganove.«

Die Sonne brennt vom wolkenlosen Himmel. Ich krieche auf der Lok in den letzten Winkel, der noch Schatten bietet. Die Leute, die an den Waggons hängen, werden jetzt unbarmherzig ausgeglüht. Einige von ihnen haben ein T-Shirt als Kopftuch gespannt. Arsenio de la Paz aber möchte lieber das Thema wechseln.

»Essen Sie gern Leguane?«, fragt er unvermittelt, als wir uns dem Ort San Isidro nähern.

»Ja, habe ich schon mal versucht«, sage ich. »Gar nicht schlecht.«

»Oh, ich schwärme davon«, sagt er und rollt genussvoll die Augen. Er zieht wieder die Bremse und stoppt an einem rosafarbenen Häuschen mit einem Kreuz über dem Eingang. »Kommen Sie mal mit!«

Wir klettern beide vom Zug, die Migranten blicken uns staunend nach. Das Haus gehört einem Campesino, der heimlich einen kleinen Nebenerwerb hat. Er führt uns nach hinten in seinen Hof. Dort steht eine rote Plastiktonne, in der er gefangene Kriechtiere schmoren lässt. Fünf Prachtstücke holen die zwei Männer heraus, begutachten sie und besprechen den Preis. Dann werden fünf Leguane in einen Sack gesteckt, der mit einem dicken Knoten verschlossen wird.

»Bleiben die so am Leben?«, frage ich besorgt.

»Aber ja, Sie werden ja sehen, wie sie atmen«, sagt der Lokführer fröhlich.

Er schnappt das Bündel und steigt wieder auf die Maschine. »180 Pesos für alle fünf«, sagt er zufrieden. »Señor, ich freue mich jetzt schon auf die Suppe.« Es ist Mittagszeit, der Zug ruckt wieder an. Ich sitze auf meinem Rucksack und sehe, wie die Tiere, die neben mir liegen, sich ab und zu aufbäumen. Das Polizeiauto von heute früh haben wir schon so gut wie vergessen.

Es fehlt noch eine halbe Stunde bis zur Stadt Tonalá. Der Name stammt aus der Azteken-Sprache Náhuatl und bedeutet »heißer Ort«. Zur Linken sehen wir einen See, zur Rechten einen Hang mit dichtem Strauchwerk. Topografisch gesehen ein günstiger Platz, um auf Menschenjagd zu gehen. Entkommen ist nur auf einer Seite möglich, also kann man alle Kräfte auf diese konzentrieren. Die Büsche bieten ausgezeichneten Schutz. Wer sich darin mit einer Tarnuniform versteckt, entzieht sich den Blicken bis zum letzten Moment. Dies sind die Gründe, weshalb Hauptmann Evaristo Antonio Morales für seine Heereseinheit diese Stelle ausgesucht hat.

Arsenio de la Paz erhält über Funk den Befehl zum Anhalten. Ungefähr siebzig Soldaten lauern den Illegalen auf. Ich höre ein paar Rufe, sehe Menschen flüchten, dann fordert der *capitán* selber stirnrunzelnd meine Papiere.

»Haben Sie eine Genehmigung?«

»Ja, von der Eisenbahnfirma«, sage ich wahrheitsgemäß, »allerdings nur per Telefon.«

»Weiß die Einwanderungsbehörde davon?«

»Selbstverständlich, alles geregelt«, lüge ich.

Er überlegt, wie er den ungewöhnlichen Fall lösen soll. Wenn er mich festnehmen lässt, könnte es Ärger geben, am Ende kriegt er gar die deutsche Botschaft an den Hals. Wenn er mich laufen lässt, kann es auch Ärger geben, falls er meine Angaben nachprüfen lässt. Aber Letzteres liegt allein in seiner Macht, und das scheint ihm offensichtlich die elegantere Lösung. Er tut streng dienstlich, fotografiert meinen Pass und verbietet mir, Fotos vom Einsatz zu machen. Dann sammelt er seine Truppe und deren Beute ein. Es ist halb drei Uhr nachmittags, die Waggons sind leer gefegt, Dutzende von Lebensträumen mit einem Schlag zusammengebrochen, und der Lokführer setzt den Zug langsam wieder in Gang.

Kaum hat er ein wenig Fahrt aufgenommen, tauchen aus den Büschen schon wieder Migranten auf. Sie sind den Soldaten entkommen, haben vom hinteren Ende einen Bogen um den Zug herum zum vorderen Ende geschlagen. Sie jubeln mir zu und springen auf, Arsenio de la Paz verzieht keine Miene.

Acht Kilometer später aber wird er richtig sauer. Seine Lok fällt aus, bleibt einfach stehen. Sein Feierabend, der in Tonalá winkt, wird sich nun noch einmal verschieben. Im Inneren der Kabine leuchtet plötzlich eine Anzeige in Englisch rot auf: »CR'CASE OVERPR«.

»Ich kann leider kein Englisch«, sagt der Lokführer zu mir. »Wissen Sie vielleicht, was das heißt?«

Ich starre ihn ein paar Sekunden fassungslos an. Dann fange ich an zu grübeln. OVERPR ist vielleicht die Abkürzung für *overpressure* oder *overpressurized.* »Kann es sein, dass irgendwo ein Überdruck herrscht?«, frage ich.

»Mag sein«, brummt er und beschließt, die zweite Lok in Dienst zu nehmen, die als Ersatz hinter die erste gespannt wurde.

Später lasse ich mir von Fachleuten erklären, was es mit dem Warnlicht auf sich hat. CR'CASE ist die Abkürzung für *crank-case*, das Kurbelwellengehäuse. Wenn dort ein Überdruck herrscht, schaltet sich der Motor von selber ab.

Gegen halb vier Uhr nachmittags fahren wir in Tonalá ein. Am Bahnhof treffe ich sieben Migranten, die dem Militär entkommen sind. Sie rannten den Berg hoch, dann zur nächsten Straße, dort nahmen sie ein Sammeltaxi und kamen damit durch. Nach und nach bilden sich neue Gruppen und man späht nach Plätzen für die Weiterfahrt. Sie sind gestern, vorgestern, vor ein paar Tagen vom Zug gesprungen und den Uniformierten entwischt. Manche haben bei Bauern in Hütten geschlafen, wo sie sich sicher wähnten. Die meisten haben unter freiem Himmel übernachtet. Dann sind sie gelaufen, immer an den Schienen entlang, denn sie wissen, der nächste Zug kommt bestimmt.

In Tonalá wird die kaputte Lok repariert. Das bedeutet sechs bis sieben Stunden Aufenthalt. Am Himmel ballen sich dunkle Wolken zusammen, ein Gewitter zieht auf. Als der Regen prasselt, kauern sich die Migranten unter die Waggons, nicht einmal

Der Zug ist leer gefegt.

ihre Köpfe sind noch zu sehen. Windböen peitschen den Schauer über die Schienen. Auch der Wettergott scheint dazu beitragen zu wollen, dass es mit der Fröhlichkeit aus ist.

Als es dunkel wird, sehe ich, wie ein halbes Dutzend Illegale einen verplombten Waggon aufbrechen.

»Wollt ihr am Ende da rein?«, raune ich ihnen zu.

»Wir haben Angst«, flüstern sie. »Auf diesem Zug sind Maras, verstehen Sie, Maras …«

Dieses eine Wort verbreitet eine Aura des Schreckens – mehr als jedes andere auf der Eisenbahnstrecke. Dieses Wort lässt die Blicke und Glieder erstarren.

Macht durch Mord

»Wenn einer keine Angst hat, dann hat er keine Phantasie.«
Erich Kästner
Deutscher Schriftsteller

An einem Baum habe ich schon einmal zwei seltsame Zeichen gesehen. Sie sahen aus wie nordische Runen, geheimnisvolle Symbole, die mit einem Messer in die Rinde geritzt worden waren. Ich konnte unter ihnen so etwas wie ein spitzes M und ein spitzes S erkennen. Der eine Buchstabe steht für *Mara*, der andere für *Salvatrucha*. Der Baum stand an einem Feldweg entlang der Bahnlinie bei Ciudad Hidalgo, ich fuhr zufällig mit Leuten der »Grupos Beta« an ihm vorbei. »Die Maras haben schon ganze Hausfassaden voll gepinselt«, sagten sie mir. »Irgendwann, wenn es zu viel geworden ist, kommen ein paar Polizisten, um alles wieder abzuwaschen.« Dann sind zwar die Mauern wieder von Maras frei – nicht aber die Köpfe.

Verbrecher haben noch größere Macht, wenn sie sich mit einem Hauch von Mystik umgeben. Eine Tat, die niederen Beweggründen entspringt, wird auf diese Weise zu einem Ritualakt erhoben, eingebettet in ein geheimbündlerisches Werte- oder besser Unwertesystem. Die Horrorgeschichten, die über die

Zeichen der »Maras Salvatrucha«

Maras umlaufen, sind mehr als die Killerstorys, mit denen im Süden Mexikos die Lokalzeitungen tagtäglich ihre Leser beglücken. Diese Typen, so empfinden es die Leute, sind anders als gemeine Gangster. Gabriela Coutiño, die Sprecherin der Einwanderungsbehörde in Tapachula, sagte mir: »Was sich hier ausgebreitet hat, ist eine Maraphobie.«

Das sichtbare Erbe eines Krieges lässt sich meist schnell beseitigen. Erschossene Menschen werden begraben, zerschossene Häuser repariert, gesprengte Brücken neu gebaut. Kriege hinterlassen aber auch Spuren, die sich unter der Oberfläche in eine Gesellschaft einbrennen. In den Seelen der Menschen wirkt das gegenseitige Töten, was immer dazu den Anlass gab, noch für lange Zeit weiter. Was tief im Inneren kaputtgegangen ist, lässt sich nicht einfach neu zusammenschrauben und mit Verputz überstreichen. Das Hirn des Menschen ist nicht aus Stahl, und das Herz nicht aus Stein.

Mara ist ein spanisches Wort für »Bande«, »Clique«; *trucha* steht im Volksmund für »gerieben«, »durchtrieben«; *salva* weist auf den Ursprung des Begriffes hin. Zwölf Jahre lang, von 1980 bis 1992, herrschte in dem mittelamerikanischen Staat El Salvador ein politisch motiviertes Morden. An ihm beteiligten sich auf der einen Seite junge Guerilleros, die von der Enteignung der Großgrundbesitzer, dem Sturz der Oligarchie und einer sozialistischen Revolution träumten. Auf der anderen Seite standen Militärs, die bei ihren Anti-Guerilla-Aktionen zuweilen ganze Dorfgemeinschaften abschlachteten, und die

Bahnstrecke im Süden Mexikos

so genannten Todesschwadronen, die im Auftrag von mächtigen Geldgebern und oft auch auf eigene Faust Leute liquidierten, die sie für Sympathisanten der Aufständischen hielten. Als 1992 ein Friedensabkommen zustande kam, verloren Tausende junger Leute ihren blutigen Job – den einzigen, für den sie jemals ausgebildet worden waren.

Nicht allen gelang es danach, eine zivile, zivilisierte Rolle zu spielen. Zu groß waren die Verwüstungen, die in ihnen selber angerichtet worden waren. Zu stark war die Erfahrung, dass sie mit einer Waffe mehr Macht hatten ausüben können als mit all ihren sonstigen Fähigkeiten zusammen. So blieb ein harter Kern von beiden Seiten schlicht das, was er im Bürgerkrieg gewesen war, und sorgte dafür, dass eine neue »Generation Gewalt« nachwuchs. Der Unterschied zu früher ist, dass nun die Politik für das Morden keinen Vorwand mehr liefert. Raublust und Blutrausch toben sich ganz offen aus – durch keine Befehle legitimiert, durch keine Ideologie verbrämt. Der Geheimcode, dem die Maras folgen, ist weder revolutionär noch kontrarevolutionär. Er soll nur die Bande und die Bindungen stärken, die aus dem individuellen ein gemeinsames Abenteuer machen.

Die ersten Banden, die sich Mara Salvatrucha nannten, tauchten in den neunziger Jahren des vergangenen Jahrhunderts in den USA auf. In Stadtbezirken, wo sich Immigranten aus El Salvador zusammenballten, spielten sie sich als so genannte

Nachbarschutzorganisationen auf: selbsternannte Sheriffs, die nach eigenen Gesetzen regierten. Daraus entwickelten sich regelrechte Verbrechersyndikate, die krakenartig wuchsen. Sie nahmen auch junge Latinos aus anderen Ländern Mittelamerikas in ihre Reihen auf. So dehnten sie sich von den amerikanischen Städten nach Süden und von ihrem Ursprungsland El Salvador nach Norden aus. Im Grenzland von Mexiko und Guatemala haben die Maras so etwas wie ein neues Stammgebiet. Hier sind es zwei Banden, welche die Menschen in Atem halten. Die eine nennt sich »MS 13«, die andere »Barrio 18«. Sie haben im Prinzip allen, die nicht zu ihnen gehören, den Krieg erklärt. Und sie liefern sich auch untereinander blutige Kämpfe, wenn es um die Vorherrschaft in einem Territorium geht, die eine Gruppe als ihren Claim abgesteckt hat. »*Por mi madre nací y por la Mara moriré*«, lautet das Motto – »Aus meiner Mutter bin ich geboren, für die Mara werde ich sterben.«

Die Tätowierungen auf ihrer Haut sind für sie wie ein Markenzeichen. Sie prangen auf Unter- und Oberarmen, auf Handrücken und einzelnen Fingern, auf Hals, Brust und Bauch, bei manchen zieren sie den gesamten Körper. Drei Punkte stehen für Geld, Drogen und Frauen – sie kennzeichnen einen Führer. Die »zwei Gesichter eines Clowns«, Komödie und Tragödie, symbolisieren die Pendelschläge eines Mara-Lebens: Du bist traurig, wenn du ins Gefängnis musst, und du bist froh, wenn du wieder draußen

Im hohen Gras lauern oft Räuber.

bist, zurück in der wilden, zügellosen Freiheit. Die Zahl der Tränen, die in die Augenlidwinkel tätowiert werden, zeigen an, wie viele Menschen der Mara schon umgebracht hat – je mehr, desto höher sein Prestige und seine Qualifikation zum Bandenchef. Beliebte Dekorationen sind außerdem Frauenköpfe, Drachen, Teufel, Schlangen und Totenschädel. Im Nacken steht bei vielen geschrieben: »*Perdóname madre mía por mi vida loca*« – »Mutter, verzeih mir mein verrücktes Leben«.

Die Maras sind vereint im Hass auf die Gesellschaft, zu der sie von Kindheit an nie gehörten und auch nie gehören wollten. Sie haben kein Ziel und suchen keine Karriere, es sei denn die eines Mara-Bosses. Die Anerkennung, die sie brauchen, finden sie in ihrer eigenen Hierarchie. Ihre Waffen sind Dolche und Messer, Zangen und Ziegenhörner, Schraubenzieher und *chimbas*, selbst gebaute Schießprügel mit zwei ineinander geschachtelten Läufen, aus denen sich Gewehrpatronen Kaliber 12 abfeuern lassen. Hemmungen haben sie keine, denn wenn sie losziehen, stehen sie fast immer unter dem Einfluss von Alkohol und Drogen.

Die Maras einer Bande halten zusammen, wenn die Polizei einen von ihnen schnappt, und drohen mit blutiger Rache. Als Jesús Francisco Gómez, ein 15-jähriger »MS-13«-Führer, in Ciudad Hidalgo festgenommen wurde, sagte er den Männern in Uniform, sie könnten bei sich zu Hause schon die Totenwache vorbereiten. Sein Bruder, der im Rang noch über ihm stehe, werde es ihnen heimzahlen. »Eure Stunden sind gezählt«, rief er, ehe er stolz vier Morde gestand.

Die Maras scheinen allgegenwärtig, und die Medien heizen die Hysterie zusätzlich an. In Tapachula hatte die Bande angeblich ein Attentat auf dem Hauptplatz vor, wo sich am Vorabend des Nationalfeiertages Tausende zum traditionellen *grito* versammeln, einer Nachinszenierung der Predigt des Pfarrers Hidalgo, mit der er damals die Mexikaner zum Aufstand gegen die Spanier rief. In Mexiko-Stadt fürchten die Leute eine Invasion von Tätowierten, die sich unter die illegalen Zugfahrer mischen und auf diese Weise in die Hauptstadt gelangen. In den

USA kursieren Geheimdienstberichte, wonach sogar schon muslimische Terroristen Kontakt zu den Latinos aufgenommen hätten – Mara Salvatrucha Hand in Hand mit Al-Qaida, der Horror vor der Haustür.

Sicher ist, dass die Maras in der Finsternis Züge überfallen. Die blinden Passagiere sind zwar ebenso arme Teufel wie sie, doch sie tragen immerhin Kleider und Schuhe, die sich verwenden lassen, oft auch kleine Rucksäcke und ein wenig Geld, um unterwegs eine Flasche Wasser zu kaufen oder einen Polizisten zu schmieren. Die Masse macht es, die an den Zügen hängt. Jeder Überfall bringt garantiert Beute. Die Maras wissen, wie man die Notbremse zieht und wie man Waggons einfach abkoppeln kann. So bringen sie den halben oder ganzen Zug in ihre Gewalt. Sie plündern die Migranten aus, vergewaltigen Frauen vor den Augen ihrer Männer, nehmen den Opfern alle Ober- und Unterwäsche ab und lassen sie unter Spottrufen nackt durch die Nacht laufen.

Gesenkte Köpfe

»Dunkel ist des Glückes launenhafter Gang,
ein unbegreifbar, unergründlich Rätselspiel.«
Euripides
Griechischer Tragiker

Am Bahnhof Tonalá wimmelt es schon wieder von Illegalen. Als es dunkel wird, geistern sie zwischen den Waggons umher, um nur ja nicht die Abfahrt zu verpassen. Sieben Stunden lang ist die Lok in der Werkstatt gewesen. Jetzt, kurz vor elf Uhr, geht es endlich weiter. Wieder hängen Trauben von Menschen am Zug, ich schätze die Zahl auf mindestens dreihundert. Und doch ist diese zweite Nacht irgendwie anders. Es ist stiller geworden unter den Migranten. Der Schock der ersten Razzia sitzt ihnen noch in den Knochen. Die Gefahr lauert überall, man kann nicht einmal mehr den Mitfahrern trauen. Es sind noch 2272 Kilometer bis Nuevo Laredo. Vielleicht haben einige wie ich das Gefühl, diese Strecke wird nicht kürzer, sondern immer länger.

Der Körper, das spüren sie, lässt nicht alles mit sich machen. Die Kräfte schwinden, die Erschöpfung wächst. Wie sollen sie noch einmal zehn oder zwölf Stunden ohne Schlaf durchstehen? Die Ersten haben begonnen, sich auf ein paar schmalen Trittstegen zusammenzukrümmen, sie können die Augen einfach nicht mehr aufhalten. In zwei, drei Stunden wollen sie mit anderen die Wache wechseln, damit auch die mal ausruhen können. Diejenigen, die zu schlafen versuchen, knoten sich an Eisenstangen oder lassen sich von anderen festquetschen, damit sie nicht vom Zug herunterfallen.

Diesmal habe ich mich allein auf der zweiten Lok eingenistet, die hinter die erste gespannt ist. Ich rolle mich in der Kabine auf dem Boden zusammen und nehme den Rucksack als Kopfkissen. Irgendwann nach Mitternacht überkommt mich der Schlaf, während der Zug wie üblich mit Tempo zwanzig durch die Finsternis wankt. Wenn ich aufwache, sind wir vermutlich schon im Bundesstaat Oaxaca. Dann ist die schlimmste Hitze vorbei, weil es dann durch Berge geht.

Nach ein paar Stunden schlage ich noch im Dunkeln die Augen auf. Halb benommen sehe ich, wie sich ein Lichtschein um mich herum tastet. Er ist deutlich größer als der Kegel einer Taschenlampe. Der grelle Fleck wandert am Lokführerstand entlang, dann höher und quer über die Decke, dann die andere Fensterseite wieder hinunter bis etwa auf halbe Höhe. Schließlich huscht die Lampe draußen weiter, bis zum Ende meiner Lok. Hier leuchtet jemand von unten den Zug ab, macht sich aber nicht die Mühe, auf die Lok hinaufzusteigen, um von oben herab auch wirklich alles zu erhellen. Das ist der Grund, weshalb mich der Lichtkegel nicht erfassen konnte.

Schlafplatz …

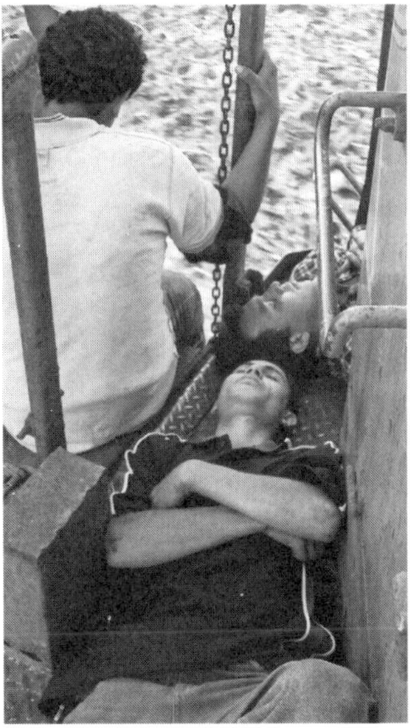

… für Erschöpfte

Ich bemerke, dass der Zug gar nicht mehr rollt, sondern steht. Und mit einem Schlag bin ich voll wach. Es ist fünf Uhr morgens. Dies ist die zweite Razzia.

Blitzschnell überlege ich, wie ich mich verhalten soll. Ich könnte jetzt von meiner Lok heruntersteigen und mich zu erkennen geben. Das gäbe eine große Verwirrung, weil sich von den Zugfahrern niemand freiwillig stellt. Kann sein, dass sie mich wieder laufen lassen, denn ich habe ja nicht zu fliehen versucht und daher offenbar nichts zu verbergen. Kann aber auch sein, dass sie mich erst einmal mitnehmen, um auf irgendeiner Wachstube meine Personalien zu klären. Das würde Stunden, vielleicht Tage dauern, auf jeden Fall wäre dieser Zug weg, und ich hätte nichts als Schwierigkeiten mit unsicheren Vorgesetzten, die nicht so recht wissen, was sie mit mir tun sollen, oder die gar mein Material konfiszieren.

Die Alternative wäre, in meinem Versteck zu bleiben. Offensichtlich rechnet niemand damit, dass sich ein Illegaler in eine leere Lok hineinwagt, sonst wäre das Ausleuchten gründlicher gewesen. Ich könnte es also darauf ankommen lassen. Allerdings birgt es das Risiko, dass in wenigen Augenblicken doch noch einmal jemand vorbeikommt. Wenn sie mich erwischen, wie ich am Boden in einer Ecke kauere, sieht es weit weniger gut für mich aus. Denn in diesem Fall werden sie denken, dass mit mir irgendetwas nicht stimmt. Und dann werden sie mich mit Sicherheit etwas härter in die Mangel nehmen.

Ich gebe mir eine halbe Minute, um mich zu entscheiden. Dann beschließe ich, auf der Lok zu bleiben. Langsam krieche ich an der Kabinenwand neben dem Lokführersitz nach oben. Ich schiebe den Kopf ein Stück über den unteren Fensterrand hinaus, um nach draußen spähen zu können. Jetzt ist es mir möglich, das Umfeld mit meinem Blick zu kontrollieren. Wenn ein Licht auf mich zukommt, kann ich nach unten wegtauchen. Solange das aber nicht der Fall ist, bleibe ich geschützt im Dunkel und habe trotzdem freie Sicht.

Der Zug ist auf beiden Seiten von Fahrzeugen umstellt. Etwa zweihundert Meter entfernt erhellt ein großer Scheinwerfer eine gespenstische Szenerie. Ich sehe, wie Gestalten mit verschränkten Armen hinter den Köpfen zu einem Sammelplatz abgeführt werden. Dort sitzen schon andere, die festgenommen wurden, im Schneidersitz und mit gesenkten Köpfen. Ich höre ein paar Kommandos, ein paar undefinierbare Schreie. Dann setzt sich das Heer der Geschlagenen in Bewegung. Pick-ups fahren vor, auf die sie verladen werden. In wenigen Minuten sind die Kleinlaster voll. Es hat den Anschein, als sei dies eingeübte Routine. Die Autos sind, das kann ich im Licht ihrer Scheinwerfer lesen, allesamt von der Migra, wie Mexikos Einwanderungsbehörde kurz genannt wird. Sie haben Polizisten und Hilfspolizisten mobilisiert, um hier zuzuschlagen. Am Gleis sehe ich das Schild »km 98«, daher kann ich später die Stelle rekonstruieren. Es ist ein Bahnübergang beim Ort Las Anonas.

Die mexikanischen Zeitungen werden tags darauf berichten, dies sei die seit Monaten größte Aktion gegen Illegale gewesen. 162 Männer, Frauen und Minderjährige wurden nach offiziellen Angaben geschnappt, darunter auch zwei Männer, die zur Mara Salvatrucha gehörten. »Viele von uns lagen im Schlaf«, zitieren die Blätter einen Juan Martínez aus Honduras, »sie haben uns voll überrascht. Als wir aufwachten, stand der Zug schon, und die Polizisten stürmten auf die Waggons. Wir hatten keine Chance mehr wegzurennen, wir konnten uns nur noch ergeben.«

Der 30-jährige Mann steht auch auf meinen Notizblock. Ich traf ihn vor der Abfahrt in Ciudad Hidalgo. Er ist einer von denen, die ich bis zur US-Grenze begleiten wollte. »Sanft, aufgeweckt, ungewöhnlich eloquent«, habe ich mir notiert. Er sei Landarbeiter, sagte er, doch auf mich wirkte er eher wie ein Künstler. Seine Hand, die ich drückte, hatte nicht die harten Schwielen, die ich bei den meisten spürte. Es war sein erster Versuch mit dem Zug, er hatte nichts außer einer Plastiktüte bei sich – noch immer sehe ich seine lebhaften, leuchtenden Augen vor mir. Dieser Mensch, das fühlte ich, hatte eine ganz besondere Art, vielleicht eine ganz besondere Geschichte, und ich hoffte, sie nach und nach im weiteren Verlauf der Reise zu erfahren. Das war's dann also, denke ich und mache einen Strich durch seinen Namen. Für dich ist es nur ein Strich, geht es mir durch den Kopf. Was aber mag er für ihn bedeuten?

Es wird kühler an diesem Morgen, obwohl die Sonne höher steigt. Der Zug fährt jetzt durch Melonenfelder und ein heftiger Wind fegt über mich, als ich auf der Lok nach draußen trete. An ihrem vorderen Ende, ich traue meinen Augen nicht, kauern vier zerzauste Gestalten. Sie blicken mich mit schreckgeweiteten Augen an, ein paar Momente glauben sie wohl, dies sei ihr Ende. Sie sind auch der zweiten Razzia entkommen, weil sie rechtzeitig absprangen und es schafften, sich im Dunkel an den Zuganfang zu stehlen – dorthin, wo die Waggons schon von der Migra gesäubert waren. Drei kommen aus Guatemala, einer aus El Salvador. Nie hätten sie

Schal als Schutz für die Nase

geahnt, dass da noch jemand auf der Lok ist. Es dauert einige Zeit, bis sie Vertrauen fassen.

Miguel Antonio Mejía, der Salvadorianer, zupft sich Stacheln aus seiner linken Hand, die Spuren seiner Flucht. Er hat einen fünfjährigen Sohn und eine zweijährige Tochter, Mutter und Kinder weinten sehr, als er sein Bündel nahm, um nach Norden zu gehen. Aber was sollte er machen? Als Hilfsarbeiter verdiente er umgerechnet 5,75 Dollar pro Tag. »Ich will ein kleines Haus für meine Kinder bauen«, sagt der 27-Jährige, das Grundstück dafür habe er schon

Nur nicht locker lassen

von der Mutter geerbt. »Drei Jahre USA, das wird vielleicht schon reichen. Dann gehe ich wieder nach Hause.« Er habe 35 Dollar für diese Reise gespart, aber die hätten ihm Polizisten schon in Guatemala abgenommen. Jetzt seien ihm noch 200 mexikanische Pesos geblieben, umgerechnet knapp 20 Dollar, das sind pro Fahrtkilometer rund ein Cent, rechne ich. »Es muss reichen, und es wird reichen«, sagt er. »Wer sich anstrengt, der schafft es auch. Señor, wer sich anstrengt, der hält durch.« Das ist die Formel, die sie sich täglich im Stillen einhämmern. Jetzt, da er sie vor einem Fremden ausspricht, verleiht sie eine neue, zusätzliche Kraft.

Die drei Guatemalteken lauschen seiner Geschichte, jeder von ihnen erkennt wohl seine eigene darin. Einer von ihnen bleibt die ganze Zeit stumm, will auch seinen Namen nicht nennen. Jaime Estrada, 24, Junggeselle, will nach Los Angeles, mit nichts als einem kurzärmeligen, schwarz-roten Hemd. Rafael Garcías, 45, Vater von vier Kindern, will nach Houston. Er warf seinen Rucksack mit den paar Habseligkeiten bei der ersten Razzia weg, um schneller rennen zu können. »Ich muss meine Familie verlassen, um sie ernähren zu können«, sagt er. »So ist das eben bei uns.«

Wir sitzen und starren vor uns hin, dann kommt ihnen ein verwegener Gedanke. Sie haben schon lange nichts mehr gegessen und würden sich gern was besorgen, vielleicht im nächsten Dorf. Ob ich nicht mal mit dem Lokführer reden könnte, damit er dafür den Zug anhält? »Leute, der darf das wirklich nicht«, sage ich, »sonst verliert er seinen Job.« Ich krame einen Beutel Mandarinen aus meinem Rucksack. Sie sind schon halb zermatscht, Obst hält sich eben nicht lange bei diesen Temperaturen. Aber sie schlingen die Früchte trotzdem gierig hinunter.

Es ist Mittag, als wir in Ixtepec einfahren. Unser Güterzug endet hier nach 459 Kilometern, wir müssen uns alle einen neuen suchen. Am Bahnhof klopft mir ein Migrant auf die Schulter, der ebenfalls aus El Salvador stammt. Bei der zweiten Razzia, erzählt er, habe ihn ein Polizist erwischt. Doch er habe ihm 50 Dollar gegeben, damit der ihn laufen lasse. Der Mann in Uniform bedankte sich mit den Sätzen: »Dann renn' halt weiter durch die Berge. Irgendwann beißt dich sowieso eine Giftschlange tot.«

Mit Stock und Stein

»Aus den Eisenbahnschienen lässt sich die Zukunft des Landes lesen, wie aus den Linien der Hand.«
Emma Yanes
Mexikanische Autorin

DIE ENGSTE STELLE MEXIKOS wird, nach dem Vorbild der alten Griechen, Isthmus genannt. Aber es sind immerhin rund dreihundert Kilometer vom Hafen Salina Cruz am Pazifik hinüber zum Hafen Coatzacoalcos am Atlantik. Bis zum Ende des 19. Jahrhunderts gab es für diese Distanz keine einzige Verkehrsverbindung. Der Osten des Bundesstaates Oaxaca war nichts als wildes, windgepeitschtes Land, besiedelt von ein paar Viehzüchtern und Indianervölkern wie den Mixe, Zoque und Zapoteken.

Matías Romero, 1837 in der Bundeshauptstadt Oaxaca geboren, war einer der Wenigen, die aus dieser Provinz den Weg hinaus in die große Welt fanden. Er wurde 1859 Legationsrat, 1862 Geschäftsträger der mexikanischen Botschaft in Washington, 1868 schließlich für vier Jahre Finanzminister seines Landes. Er kämpfte zeitlebens dafür, ausländische Investoren ins Land zu holen, um Mexiko zu modernisieren. Er sah den Isthmus als die große Chance, Mexiko zum Transitland für den interozeanischen

Handel zu machen. Sein Wunsch ging unter Präsident Porfirio Díaz in Erfüllung, der das Land mit eiserner Hand ins Industriezeitalter stoßen wollte. Díaz beauftragte die britische Firma S. Pearson & Son, eine Eisenbahnstrecke von Küste zu Küste zu bauen.

Rincón Antonio, eine kleine, einsame Ranch, erlebte auf diese Weise eine gründliche Verwandlung. Am Streckenkilometer 204 wuchsen eine Güter- und eine Passagierstation, eine Werkstatt und ein Verwaltungssitz der neuen Bahn aus dem Boden. 1906 wurde der Ort in Matías Romero umbenannt – so werden in Mexiko die besten Söhne des Landes postum geehrt. Bald rauschten hier täglich mehr als zwanzig Züge mit Fracht- und eleganten Passagierwaggons durch. Es schien, als habe auf dem Isthmus die Zukunft begonnen. Doch der Boom dauerte nur einige Jahre. 1910 brach in Mexiko die erste sozialistische Revolution der Geschichte aus, die das Land für mehr als ein Jahrzehnt ins Chaos stürzte. 1914 wurde an der schmalsten Stelle Mittelamerikas der Panamakanal eingeweiht. Nun konnten die großen Dampfschiffe den Kontinent durchqueren und brauchten ihre Fracht überhaupt nicht mehr umzuladen. 1934 schließlich, als die erste Autostraße über den Isthmus fertig war, wurde es noch stiller auf den Schienen. Matías Romero sank zurück in die Abgeschiedenheit eines vergessenen Landstädtchens. Und das ist es bis heute geblieben.

Warten auf die nächste Chance

Die illegalen Migranten bringen der Bahn zwar kein Geld, allenfalls Ärger, aber sie sorgen immerhin für Leben. Wer von Ciudad Hidalgo kommt und in die USA will, der muss in Matías Romero durch. Der Zug windet sich in weiten Kehren durch die Berge der Sierra Madre Oriental, die Backofenhitze der Küstenlandschaft weicht, und von denen, die an den Waggons hängen, beginnen die ersten vor Kälte zu zittern. Am Himmel verdichten sich dicke Wolken zu einem dunkelgrauen Gewölbe, einzelne Böen erreichen jetzt schon Geschwindigkeiten von achtzig Stundenkilometern, dann fallen Regentropfen. Es wird nie ein richtiger Schauer daraus, es hört aber auch nicht mehr auf. Der Wind jagt das unentschlossene Geniesel vor sich her und treibt es mit Wucht in alle Winkel des Körpers. Die Zeitungen schreiben, dies sei die Kaltfront Nummer 31, und die Leute sagen, dies sei die Jahreszeit mit dem schlechtesten Wetter.

Die Schluchten und Tunnel, durch die die Diesellok nach oben keucht, sind ein strategisch günstiges Gelände. Man kann dem einspurigen Gleis folgen, notfalls schnell im Gebüsch untertauchen und dann, wenn der Zug kommt, aufzuspringen versuchen. Das Tempo ist wieder auf zwanzig Stundenkilometer gesunken, das erhöht die Chancen, heil hinaufzukommen. So lauern die Illegalen in den Kurven, sprinten über das Schottergestein, strecken dann blitzschnell den Arm aus und ziehen. Sie verschwin-

den in den Spalten zwischen den Waggons und versuchen, irgendwie einen Standplatz zu ergattern. Allmählich kommt mir das vor wie Darwins »Survival of the Fittest«. Die Razzien haben offenbar die Spreu vom Weizen getrennt. Diejenigen, die jetzt noch am Zug hängen, sind schnell, kräftig und clever.

Am Bahnhof Matías Romero erinnern eine Museumslok, eine Pionierstatue und ein historisches Backsteingebäude an die glorreichen Zeiten. Milton Yovane aus Honduras, ein 28-jähriger Landarbeiter, vor dreiundzwanzig Tagen mit einer zehnköpfigen Gruppe aus seiner Heimat aufgebrochen, stapft hier mit schweren Schritten über die Schwellen. Er ist als Einziger übrig geblieben, ist die hundert Kilometer von Ixtepec bis hierher gelaufen. Drei Tage hat er da-

Waggons mit menschlicher Fracht

Das beste Versteck: ein Schüttgutwagen

für gebraucht, nie hat er es geschafft, auf einen Zug zu kommen. »Ich hatte einen Holzprügel und Steine, um mich zu verteidigen«, sagt er. Sein erstes Paar Schuhe ist schon durchgelaufen, das zweite und letzte Paar hat zum Glück kräftige Sohlen.

Sein Vater, erzählt er, hat die Familie im Stich gelassen, danach ist seine 50-jährige Mutter zusammen mit drei Kindern in die USA gegangen, seit 2004 lebt sie in North Carolina. Sie schickte seither immer Geld für ihn, weil sein Lohn hinten und vorn nicht reichte. Sein Selbstwertgefühl litt aber so stark darunter, dass er der Mutter nach ein paar Monaten sagte, auch er werde sich nun auf den Weg machen. »Tu es nicht«, beschwor sie ihn, »die Reise ist fürchterlich.« Aber er hatte seine Entscheidung getroffen, und nun muss die Mutter um ihn bangen. »Mein Land hat keine Zukunft«, sagt er und bringt seine Gründe auf die schlichte Formel: »Diejenigen, die an der Regierung sind, schnappen sich selber das Geld, das von anderen Ländern kommt.«

Ein Mann von der Sicherheit gesellt sich, das Gewehr geschultert, zu uns. Er hat den Auftrag, das Bahnhofsgelände zu bewachen, aber offenbar auch eine weiche Seite. »Hier am Bahnhof darfst du nicht auf den Zug«, sagt er und streckt den Arm weit aus, »aber da hinten, ganz da hinten, da kannst du es probieren.«

»Da hinten ist der Zug schon wieder zu schnell«, sagt Yovane matt. »Wie viele Stunden sind es bis zum nächsten Bahnhof?«

Der Mann in Uniform grübelt, Mexikaner tun sich schwer mit präzisen Zeitangaben. »Vielleicht zehn Stunden«, sagt er dann, um irgendwas zu sagen, doch meiner Schätzung nach braucht man bis Medias Aguas zu Fuß mindestens die doppelte Zeit.

Yovane knickt ein, als habe ihn ein Hammerschlag getroffen. Er sinkt in die Hocke, plumpst auf eine Schwelle, kurz rutscht ihm heraus, dass seine Füße schmerzen, doch schnell übertüncht er den Satz mit einem erzwungenen Lächeln. Er steht wieder auf, nur jetzt keine Schwäche, und so strafft sich sein Körper aufs Neue.

»Hätten Sie vielleicht ein bisschen Geld für mich?«, fragt er.

Ich drücke ihm 20 Pesos in die Hand, umgerechnet knapp 1,40 Euro.

»Danke«, sagt er und strahlt, »das bringt mich ein ganzes Stück weiter.«

Er nimmt seinen Rucksack, drückt mir die Hand, dann senkt er den Kopf und zieht weiter. Seine Schritte sind raumgreifend und fest, als habe er seinen Marsch gerade eben begonnen.

Der Bahnknoten Medias Aguas hat auch schon bessere Zeiten erlebt. Verfaulende Schwellen, die ausgetauscht wurden, türmen sich am Rand der Gleisanlagen auf. Rostende Waggons stehen herum, die wohl nie mehr benutzt werden. Auf einem Müllberg liegen ein ausrangierter Bürostuhl und zwei aufgeschlitzte Autositze. Zum Glück stehen am Abfertigungsgebäude ein paar Mandel-, Limonen- und Papayabäume. Hier zweigt von der Isthmus-Strecke die Route nach Norden ab, sie teilt sich später in die Gleise nach Veracruz und die nach Mexiko-Stadt. Die Güterzüge, die hier durchfahren, transportieren meist petrochemische Produkte von den Fabriken bei Coatzacoalcos – und natürlich illegale Migranten, immer noch viele Migranten.

Ein Stück weiter draußen, wo keine Sicherheitsleute mehr patrouillieren, beäugen sie stundenlang das umständliche Rangieren. Ein paar von ihnen kennen mich von Ciudad Hidalgo, sie sind stolz darauf, dass sie durchgekommen sind.

»Wo kriegt ihr eigentlich etwas zu essen?«, frage ich sie.

»Wir betteln in den Bauernhäusern«, sagen sie. »Wir haben aber auch schon Kaninchen und Leguane gefangen.«

»Wie denn?«, möchte ich wissen.

»Mit bloßen Händen«, sagen sie. »Man muss nur geduldig sein – und dann auf einmal ganz schnell.«

»Was für ein Abenteuer«, entfährt es mir.

»Für uns ist es kein Abenteuer«, sagen sie. »Für uns ist es die letzte Hoffnung.«

Für die Züge von Medias Aguas bis zur mexikanischen Hauptstadt habe ich eine neue Genehmigung beantragen müssen. Diese Strecke operiert das Unternehmen Ferrosur. Wir fahren jetzt wieder leicht abwärts, durch den Bundesstaat Veracruz. Auf dem Teilstück nach Tierra Blanca hangele ich mich von der Lokomotive nach hinten zu einem Schüttgutwagen. Es regnet seit Stunden in Strömen, und die fünf jungen Männer, die hier über den Kupplungen kauern, sind nass bis auf die Haut. Einer hat sich als Wind- und Regenschutz eine große Mülltüte übergestülpt, in die er zwei Löcher für die Arme geschlitzt hat. Ein anderer hat eine Plastikfolie über die kleine Trittleiter gespannt, die auf das Dach hoch führt. Einer hat sein T-Shirt zu einem Turban geknotet, der den Kopf wenigstens ein bisschen schützen soll. Wieder ein anderer ist unten in eine kreisrunde Öffnung gekrochen, eine Aussparung zwischen dem Rahmen

Eine Plastikplane als Regenschutz

Regel eins: Festhalten. Regel zwei: Ausschau halten

Zuckerrohrstangen stillen den ärgsten Hunger.

Milton Yovane: Wunde Füße nach 100 Kilometern Marsch

des Waggons und dem Zylinder für die Ladung. Eine Person, die den Buckel kräftig krümmt, findet darin den trockensten und sichersten Platz.

Sie lassen sich zwar fotografieren, wollen aber ihre Namen nicht nennen und blicken verbissen vor sich hin. Als der Zug kurz hält, stürzen sie auf die Felder zu beiden Seiten und reißen Zuckerrohrstangen aus dem Boden. Gierig saugen und schlingen sie in sich hinein, was sich der Pflanze mit dem Mund abringen lässt. Dann kann einer von ihnen auch im strömenden Regen die Augen nicht länger offen halten. Er kriecht wie ein Hund unter seine Plastikplane und ringelt sich zusammen, während es auf ihn herunterschüttet. Sein rechtes Bein baumelt neben dem Hebel, mit dem die Kupplungen geöffnet werden.

Wir rattern an einer großen Reklametafel vorbei, auf der für einen Porsche geworben wird. Die vier wach gebliebenen Migranten starren darauf wie auf eine Botschaft von einem anderen Stern.

Angst vor den Schwachen

»Der Mensch ist frei geboren –
und liegt doch überall in Ketten.«
Jean-Jacques Rousseau
Französischer Philosoph

Es hat nie an Plänen gefehlt, die Drei-Klassen-Gesellschaft in dieser Region Amerikas zu überwinden. Den Anfang machte 1961 die »Allianz für den Fortschritt«, eine Initiative des US-Präsidenten John F. Kennedy. Sie wurde geboren aus dem Schock in Kuba, wo sozialistische Revolutionäre unter der Führung von Fidel Castro die Macht ergriffen hatten. Schon zehn Jahre nach der feierlichen Proklamation aber sprach niemand mehr von dem Hilfsprogramm, das Lateinamerika wirtschaftlich stärken und zugleich politisch an die Vereinigten Staaten binden sollte. Kennedy war tot, und seine Ideen auch.

In den Jahrzehnten danach entstanden neue Pläne, Programme und Aktionsbündnisse, immer neue Kürzel in Englisch und Spanisch bereicherten das diplomatische Vokabular. Und nun, da nichts geholfen hat, setzen die Staatsführer auf die Kraft der freien Märkte, jene schier allmächtigen Mechanismen, die allein vom menschlichen Egoismus angetrieben werden. Die Staatsführer gebrauchen noch immer große Worte, aber manchmal scheint es so, als trauten sie sich selber die großen Taten nicht mehr zu. Die Unperson namens Markt soll es richten.

Die Eigenschaft dieser Pläne ist, dass sie stets vom Stärkeren für den Schwächeren gemacht werden. Der Stärkere hat Angst, von der Krankheit des Schwächeren infiziert zu werden. Er möchte den Schwächeren kurieren, und zwar mit den Mitteln, die ihm selber zu seinem Vorsprung verholfen haben. Der Schwächere vertraut diesen Rezepten – es bleibt ihm auch nichts anderes übrig – und spürt doch in vielen Fällen, dass sie bei ihm nicht so wirken wie erhofft.

»Freie Märkte und öffnende Handelsabkommen«, propagierte US-Präsident Bush, »sind die besten Waffen gegen Armut, Krankheit und Tyrannei.« Die Zollbarrieren auf dem amerikanischen Kontinent sollen niedergerissen werden, das Kapital frei operieren dürfen, die Länder durch Entfesselung florieren – und der Strom von Migranten endlich versiegen. »Was wir da verhandeln, ist nicht einfach ein Wirtschaftsmodell«, so John J. Danilovich, US-Botschafter in Costa Rica, »sondern die Geburt einer neuen Ära.«

Fast zeitgleich dazu verkündete Mexikos Präsident Vicente Fox im Jahr 2001 seinen eigenen Zukunftsplan. Er nannte ihn »Plan Puebla-Panama« (PPP). Er sollte Regionen und Menschen verbinden, die sich noch nie in der Geschichte zu einem großen Projekt zusammengefunden haben: 27,5 Millionen im mexikanischen Süden, der mit der Stadt und dem

Bundesstaat Puebla beginnt, und 32,5 Millionen Mittelamerikaner bis hinunter nach Panama. Dieser Plan sei, so ließ Fox verkünden, »weitsichtig und eine große Vision«.

Erst schafft der Staat die Infrastruktur, so lautet die Philosophie dieses Planes, dann schafft die Wirtschaft die Arbeitsplätze. Von Tapachula aus soll eine hundert Kilometer lange Stromleitung und vom Bundesstaat Tabasco aus eine 710 Kilometer lange Erdgasleitung bis nach Guatemala hinein führen. Die Panamericana soll auf mehr als 3156 Kilometer Länge von Puebla bis Panama zu einer Autobahn mit internationalem Standard ausgebaut werden.

Aber große Pläne haben in Mexiko meist das Schicksal, nur mit einem Präsidenten verbunden zu sein. Wenn er aus dem Amt geschieden ist, wie Fox im Jahr 2006, droht es auch um den PPP trotz des einhämmernden, populären Kürzels wieder still zu werden. Schier übermächtig scheint das historische Erbe: Der Entwicklungsstand ist umso niedriger, je weiter man nach Süden kommt – von den USA zu Mexikos Norden, von Mexikos Norden zu Mexikos Süden, und von Mexikos Süden in die Armutsstaaten, aus denen die Menschen stammen, die sich an Güterzüge hängen.

Der südlichste Bundesstaat Chiapas, durch den die Migrantenwelle rollt, hat größere Wasservorräte als der Nil oder der Orinoko. Aber er hat auch eine Bevölkerung mit miserablem Bildungsstand, kaum einheimische Unternehmer, die etwas riskieren wollen, und was Investoren aus dem Ausland betrifft, so steht er unter den 32 mexikanischen Bundesstaaten an vorletzter Stelle. Chiapas ist ein Mikrokosmos für die Probleme der ganzen Region: keine Bildung, keine Arbeit, keine Initiative, dafür Agitation von religiösen Predigern und politischen Ideologen, und vor allem apathische Menschen, die ihr Heil nur von der Regierung erwarten und es von dort nie bekommen. »Sicher, durch die Hintertür ist Chiapas in die Modernität eingetreten«, schreibt der mexikanische Sozialforscher Daniel Villafuerte. »Die entlegensten Indio-Dörfer konsumieren Coca-Cola und Bier, die Getränke sind dort sogar zum Prestigeobjekt geworden.« Doch die Globalisierung, die angeblich den großen Aufschwung bringen soll, habe allenfalls dazu geführt, dass noch mehr Menschen sich auf den Weg nach Norden machen.

Die Kräfte, die eine Entwicklung dieser Region lähmen, kommen aus sehr verschiedenen Ecken. Die Linken bezeichnen den PPP als »renoviertes Projekt einer wilden Kolonisation«. Es sei »entworfen aus der Logik der transnationalen Konzerne, der nationalen Oligarchien und der internationalen Finanzorganismen« und beschleunige »die Verarmung der Völker und die Zerstörung der Natur«. Doch auch Fachleute, die ideologisch nicht fixiert sind, halten den Plan schlicht für eine Illusion. Es sei »kaum glaubhaft«, so Villafuerte, »dass die Indios sich

Armut entlang der Zugstrecke

durch den PPP in Klein- und Mittelunternehmer verwandeln«. Und schließlich sei nicht einmal klar, woher die Dollar-Milliarden für die Umsetzung des Plans eigentlich kommen sollen.

So machen die Massen von Menschen, die ihrem Elend entrinnen wollen, lieber einen gigantischen Umweg. Die wirtschaftliche Entwicklung, an der sie teilnehmen, findet nicht in ihrer Heimat, sondern in den USA statt. Die Werte, die Immigranten dort schöpfen, kehren zu einem Teil als *remesas* in die Herkunftsländer zurück. Transferagenturen wie Western Union machen damit glänzende Geschäfte. Die Dollarsummen, die zu den Familien nach Hause geschickt werden, sind dort zu einem Wirtschaftsfaktor ersten Ranges geworden. Für Honduras,

Bahnhof von Querétaro: Güterzüge auf Rangiergleisen

Guatemala und El Salvador ist es mehr Geld, als die Länder durch den Export einnehmen. Selbst in Mexiko sind die *remesas* der zweitgrößte Devisenbringer: Sie rangieren knapp hinter den Öleinnahmen, aber noch vor ausländischen Investitionen und dem Tourismus.

Jede *remesa*, die aus den USA kommt, ist zugleich eine Botschaft, eine Botschaft, die aus nichts als Dollars besteht. Es ist ein Lockruf ins Land, wo Arbeit gutes Geld bringt. Die Menschen in Mittelamerika trauen weder Worten noch Plänen, schon gar nicht denen ihrer Politiker. Sie trauen nur dem Dollar. So klammern sich täglich Neue an den Zug, denn da wissen sie wenigstens genau, wohin es geht.

Rätselhaftes Rucken

»Erfahrungen vererben sich nicht –
jeder muss sie allein machen.«
Kurt Tucholsky
Deutscher Schriftsteller

Wir nehmen Abschied von der Tropenwelt des Bundesstaates Veracruz. Zurück bleiben Bananenbäume, Zuckerrohrstauden, Kaffeesträucher. Das wuchernde Grün, die saftigen Orangen-, Melonen- und Ananasfrüchte weichen mehr und mehr einem spröden, ockerfarbenen Braun. Die Landschaft wird trocken, steinig und stachelig. Die Friedhöfe, die Stätten der Toten, sind bunter als die Dörfer, die Stätten der Lebenden.

Unter uns entschwindet die alte Kolonialstadt Orizaba, die von Bergen der Sierra Madre Oriental eingerahmt ist. Mehr als vier Stunden lang kämpft sich der Zug in endlosen Kehren aus dem Tiefland in die Höhe. Eine Lok wurde in Orizaba an den Anfang, zwei weitere – von der ersten aus ferngesteuert – in die Mitte gespannt. Dadurch soll eine gleichmäßige Kraftübertragung erreicht werden. Ich sehe Gleitschirmflieger über uns schweben, die das prächtige Panorama genießen. Die Leute auf den Waggons aber haben keinen Blick dafür. Der Fahrtwind wird kälter und kälter, und kaum einer hat einen Anorak, um sich dagegen zu schützen. Böen zerzausen ihnen unbarmherzig die Haare und die Hemden.

Wenn wir durch einen der vielen Tunnels fahren, erleben wir einen Sauna-ähnlichen Temperaturschock. Der heiße Rauch von verbranntem Diesel, den die schwer arbeitende Lok ausstößt, kann nicht nach oben entweichen. Er sammelt sich in dem pechschwarzen Gewölbe, statt frischer Atemluft strömen glühende Partikel durch die Nase, doch unser Husten und Röcheln geht unter in dem Gedonner der Motoren. Bei der Ausfahrt sehen wir, wie mit uns eine riesige, grau-schwarze Wolke aus dem Tunnel quillt. Wir japsen nach Luft und versuchen, mit kräftigen Atemstößen die Lungen wieder freizublasen – bis wir eintauchen in das nächste dunkle, drohende Loch.

Es ist fünf Uhr nachmittags, als wir die Wolkengrenze durchstoßen. Wir sind auf mehr als 2000 Meter Höhe angelangt. Über das weite Plateau ragt der schneebedeckte Gipfel des Pico de Orizaba, des mit 5747 Metern höchsten Berges von Mexiko. Die Azteken nannten ihn Citlaltépetl, »Berg des Sterns«. Sie veranstalteten auf ihm Zeremonien entsprechend den Zyklen der Venus, die für ihre Kalenderberechnungen eine große Bedeutung hatte. Der Zug zieht um die Erhebung herum eine majestätische Schleife, dann ruckt er mehrfach, wird langsamer – und steht.

Es gibt ein Dutzend Gründe, weshalb ein Güterzug zum Halten kommt: Streckensignale, eine Order über Funk, Polizei- oder Militärkontrolle, ein Warnlicht vorn auf der Lok, Waggons sind nicht mehr richtig zusammengekoppelt, Reparaturen am Gleis, Rangierarbeiten und was weiß der Himmel noch. Wer nicht vorne neben dem Lokführer sitzt, weiß zunächst nicht, was los ist. Das sind die Momente, die an die Nerven gehen.

Ich habe mich auf einer Lok in der Zugmitte eingenistet. Jetzt nutze ich die Gelegenheit, um herunterzuspringen. Ich will auf einen der Kesselwagen klettern, die ein Stück weiter hinten sind. Von meiner Bergsteigerausrüstung zu Hause habe ich einen Klettergurt, ein paar Karabiner und ein kurzes Stück Seil mitgebracht. Ein Achterknoten vor der Brust, ein Mastwurfknoten an einer Eisenstange, so will ich mich sichern für den Fall, dass ich die Hände für Kuli und Notizblock brauche. Auf diesen Zügen genügt ein einziger Ruck, um das Gleichgewicht zu verlieren und im wortwörtlichen Sinn unter die Räder zu kommen.

Viele Kesselwagen haben in der Mitte des Daches Laufstege. Andere, wie diese hier, haben Plattformen an beiden Seiten, die beim Be- und Entladen gebraucht werden. Man steigt eine metallene Trittleiter hinauf und kann sich oben sogar hinsetzen. Man muss sich nur an dem Geländer festklammern, wenn der Zug wieder die Fahrt aufnimmt. Der Vor-

Spähen nach den Häschern

teil ist, dass die Beine ausruhen können und dass man gut sehen kann. Der Nachteil ist, dass es hier überhaupt keinen Windschutz mehr gibt – und dass man selbst auch gut gesehen werden kann.

Ich haste zu einem Kesselwagen, der Ammoniak transportiert. Auf ihm sitzen drei junge Männer, die erstaunt zu mir herunterblicken. Sie nicken aufmunternd, als ich mich hochzuziehen beginne.

»Wohin wollen Sie denn fahren, Señor?«, fragt einer von ihnen.

»Dahin, wo ihr hinwollt«, pruste ich hervor.

Ich zurre mich fest und krame meinen Block hervor. Ein paar Minuten später setzt sich der Zug wieder in Bewegung. Ich versuche, nur das Nötigste zu notieren, denn durch das Gerüttel macht mein Kuli auf dem Papier wilde Ausschläge. Alberto Vázquez aus Honduras erzählt mir als Erster seine Geschichte. Mit dreizehn Jahren ist er zum ersten Mal in die USA gegangen. Dort schnappte ihn die Polizei, weil er mit Drogen handelte. Vier Jahre und drei Monate saß er im Gefängnis, dann musste er in seine Heimat zurück. Ein Leben in San Pedro Sula, als Bauarbeiter mit Frau und vier Kindern, bei einem Lohn von sechs oder sieben Dollar pro Tag – »Ich wusste«, sagt er, »das wird nicht meine Zukunft sein.«

Nur kurze Zeit später brach er von neuem auf, kam wieder als Illegaler über die Grenze, arbeitete in den USA als Koch in einem chinesischen Restaurant, jeden Tag von acht Uhr morgens bis elf Uhr nachts, so machte er 3200 Dollar im Monat. Seither pendelt er ständig zwischen Nord und Süd. »Kein Problem mit den Papieren«, sagt er. »Ich bin zwar noch immer illegal, aber ich kenne viele Leute. Ob Sie es glauben oder nicht – aber dies ist meine achte Reise mit dem Zug.« Ich traue meinen Ohren nicht, und während mir der Mund noch offen steht, scheint ihm bewusst zu werden, dass er wohl doch schon zu viel geredet hat. Er turnt ganz routiniert über ein halbes Dutzend Kesselwagendächer hinweg zu einer Gruppe von Landsleuten, die er offensichtlich an die Grenze bringen soll. Ich ahne, welche Karrieren auf einem Güterzug möglich sind. Wer acht Mal diese Reise macht, muss dadurch eine Menge Geld verdienen. Ansonsten gibt es wirklich keinen Grund, sich das freiwillig anzutun.

Zwei Guatemalteken bleiben bei mir. Sie sind beide zum ersten Mal auf dem Zug und wirken dennoch wie ein gut eingespieltes Team. Cristián Granados, 26, ist Buchhalter, sein Freund David Alvarado, 20, Hausmeister. Ihr Ziel sei Houston in Texas, sagen sie, dort leben schon ein paar Freunde von ihnen. Sie haben helle und schnelle Augen, es redet immer nur einer mit mir, während der andere über die Strecke späht. Wir müssen fast schreien, um uns zu verstehen, und immer wieder reißt der Wind ein paar Wortfetzen weg.

Plötzlich ruckt der Zug, bremst wieder ab, steht. Die zwei Migranten werfen sich stumm einen Blick zu, setzen ihre Rucksäcke auf, stehen sprungbereit, suchen das Gelände ab, unruhig flackern ihre Augen hin und her, immerzu forschend nach der Gefahr. Wir sehen nichts, was uns bedrohen könnte, doch die Ungewissheit geht auf die Nerven. Wir befinden uns inmitten einiger Rangiergleise, weit und breit ist kein Ort.

Der Zug fährt wieder an, rollt ein paar hundert Meter, dann ist schon wieder Halt. Granados und Alvarado stieren fieberhaft an den Waggons entlang. Ist das der Moment, um das Weite zu suchen? Oder laufen sie dann jemandem in die Falle? Es sind Sekunden, in denen die Gedanken rasen. Für sie steht alles auf dem Spiel. Jetzt setzt der Zug gar noch zurück, wieder ein paar hundert Meter, dann Stopp.

Auf dem Dach: guter Blick, kalter Wind

Wir reden nichts mehr, warten nur noch auf den nächsten Ruck. Doch nichts passiert, der Zug bleibt einfach stehen.

Ich steige von dem Kesselwagen herunter und stürze zur Zugmitte zurück, um mich wieder auf meine Lok zu schwingen. Die Lok aber ist weg, einfach weg, und mit ihr meine ganzen Sachen. Ich zweifle an meinem Orientierungssinn, renne den ganzen Zug nach hinten entlang, um meine Lok zu finden – nichts. Ich keuche zurück und laufe bis zum Anfang des Zuges, das sind fast anderthalb Kilometer. Dort stehen ein wütender Lokführer und der Zugchef und fragen, wo ich mich denn herumgetrieben hätte.

»Ich war auf einem Kesselwagen«, sage ich. »Und dann habe ich meine Lok nicht mehr gefunden.«

»Ihre Lok ist defekt, daher haben wir sie hier ausrangiert«, sagen die Männer. »Aber machen sie das bloß nicht wieder, ohne uns Bescheid zu geben. Wir haben die ganze Zeit nur auf Sie gewartet.«

Sie händigen mir meinen Rucksack aus, den sie zum Glück beim Rangieren vorgefunden haben. Ich atme durch, als es weitergeht, und die zwei aus Guatemala da hinten wohl auch. Es sind noch 1470 Kilometer bis Nuevo Laredo.

Worte zum Festhalten

»Unsere Träume können wir erst dann verwirklichen, wenn wir uns entschließen, einmal daraus zu erwachen.«
Josephine Baker
Französische Tänzerin und Sängerin

LECHERÍA IST EIN ORT, der nicht unbedingt zum Verweilen einlädt. Lastzüge röhren durch die Straßen, Rauchschwaden mit wenig anregenden Düften steigen aus Fabrikschloten hoch. Ein Wald von Fernsehantennen ragt aus Verschlägen, in denen Arbeiter wohnen. Viel Grau und wenig Grün, ein Industriegebiet mit dem entsprechenden Charme. Es ist von dem Moloch Mexiko-Stadt aufgesogen worden wie Dutzende anderer Vorstädte auch.

Ich schlendere durch den größten Rangierbahnhof des Landes. In Lechería laufen alle Züge aus dem Süden und Norden ein, die als Ziel die 22-Millionen-Metropole haben, und von hier brechen sie auch alle in die Gegenrichtung auf. Eine Nationalflagge weht mit trotzigem Stolz über schmutzigen Baracken, die sich an den Gleisen entlangziehen. Ich sehe leere Milchtüten und Konservendosen, Plastiklöffel und Cola-Flaschen, verschmierte Socken, zerrissene Shorts und T-Shirts, alles Kleidungsstücke, die weggeworfen wurden. Es sind die Spuren der Migranten, die sich an allen Bahnhöfen finden. Eine dichte

Smogschicht lastet über dem Gelände, an vielen Stellen riecht es penetrant nach Urin.

Allmählich bekomme ich ein Gespür dafür, wo sich die Illegalen sammeln. Eine Reihe von Büschen, ein verfallener Schuppen, eine kleine Oase mit ein bisschen Gras inmitten des Schienengewirrs – da liegen sie im Halbschlaf und noch ein wenig verstört. Hier haben sie die Nacht verbracht, um Kräfte zu sammeln für den nächsten Zug. Sie schlottern am ganzen Körper und haben Stimmen, die alle irgendwie nach Bronchitis klingen.

Für José Angel Torres aus Honduras ist es der dritte Versuch, in die USA zu kommen. Der erste scheiterte im März 2004, er kam von Lechería noch gut zweihundert Kilometer weiter nach Norden, dann aber schnappten sie ihn. Der zweite scheiterte im Juni 2004, und zwar schon drunten in Tapachula. »Dies ist mein letzter Versuch«, sagt der 33-jährige Bauarbeiter, Tageslohn zu Hause wie üblich fünf bis sechs Dollar. »Mein ganzes Leben wird sich auf dieser Reise entscheiden.« Er habe Freunde in Houston, sagt er, drei Jahre wolle er bei ihnen bleiben und möglichst viel Geld verdienen, um dann in der Heimat sein Häuschen zu bauen.

Diesmal ist er, aus Angst vor Überfällen auf den Zug, von Guatemalas Grenze zu Fuß bis Tapachula gegangen. »Ich habe aus meinen Niederlagen gelernt«, sagt er. »Beispielsweise, dass man bei einer Razzia nicht zu früh abspringen darf. Denn die warten ja nur auf dich und du läufst ihnen geradewegs in die Arme. Nein, du musst die Nerven behalten, warten und schauen, bis sie sich auf die ersten von uns stürzen. Dann siehst du besser, wo die Lücke für dich ist. Dann musst du rennen, aber erst dann.« Jeder hat seine eigene Lektion gelernt, jeder hat seine eigene Strategie. Torres steht auf und streift eine Jeanshose ab, und ich sehe, dass er in der Nacht noch die zweite darunter hatte. »Ich spüre, dass es diesmal klappen wird«, sagt er. »Gott hält seine schützende Hand über mich.«

Santos Arriaga aus El Salvador ist mit einer sechsköpfigen Gruppe von Ciudad Hidalgo aus an der Bahn entlanggelaufen. Sie waren schon ganz euphorisch, weil sie die Nacht gut überstanden hatten, da fielen sie morgens um zehn Uhr einem halben Dutzend Räuber in die Hände. Die nahmen ihnen alles ab, was sie an Geld, Essen und Medizin bei sich hatten. »Das Einzige, was mir geblieben ist«, sagt der 32-Jährige, »sind meine Kleider und diese Plastikplane.« Er faltet sie zusammen und glättet sie sorgsam wie ein kostbares Tuch.

José Luís Martínez aus Honduras schloss sich einer Gruppe von sieben Leuten an, um zwischen Talismán und Ciudad Hidalgo heimlich die Grenze nach Mexiko zu überqueren. Sie wurden von vier Räubern ausgeplündert, die mit Macheten und Pistolen bewaffnet waren. Der 30-Jährige verlor seine 400 Pesos, die er bei sich trug, und seine wärmende

Jacke. In der vergangenen Nacht hat er versucht, sich mit einem Stück Karton vor der Kälte zu schützen. Ihm schlottern noch immer alle Glieder.

Wer bis Lechería kommt, hat schon einiges erlebt – je länger die Reise, umso länger die Geschichten. Die Migranten, die über den Grenzort Tijuana nach Kalifornien wollen, haben hier mehr als ein Drittel des Weges hinter sich, die Zugfahrer in Richtung Texas schon gut die Hälfte. Juan José Hernández nennt Ohio als sein Reiseziel und sagt, es liege in Kanada.

»Bist du da sicher?«, frage ich. »Hast du mal auf eine Karte geblickt?«

»Nein«, sagt er, »so ganz genau weiß ich auch nicht, wo das liegt. Aber mein Kontaktmann wird mir das sagen.«

Wie viele unsichtbare Kräfte wirken auf diesem Zug und um ihn herum? Sie müssen ihr Netz über alle Routen, alle Bahnhöfe, alle Grenzabschnitte gespannt haben. *Polleros* sagen die einen zu ihnen, der Ausdruck kommt von *pollos*, spanisch für Hühner, und meint eine Art menschliche Glucke, die ihre Schutzbefohlenen um sich schart. *Coyotes* nennen andere die allgegenwärtigen und doch nie greifbaren Schleuser, weil sie wie Kojoten sind, die leise durch die Steppe schleichen, auf eine Schwäche des Gegners warten und dann blitzschnell agieren. Die Schleuser sind häufig Verwandte, manchmal Freunde, manchmal schlicht und einfach Geschäftspartner. Sie erhalten vor Beginn der Reise die Hälfte der

Bahnhof Lechería: Wo geht es nach Norden?

vereinbarten Summe und nach dem erfolgreichen Ende den Rest. Die Illegalen, die den Zug nehmen, haben in der Regel dieses Geld nicht. Mal legt die ganze Familie dafür zusammen, mal wird eine Erbschaft dafür verwendet, mal für das elterliche Grundstück eine Hypothek aufgenommen. Meist aber streckt der Bruder, der schon in den USA verdient, den Betrag vor. Das bedeutet, der Neuankömmling muss zunächst arbeiten, um seine geglückte Einschleusung zu bezahlen. Er hat wenig Chancen, sich dem zu entziehen, denn der Gläubiger besitzt gegenüber einem Schuldner einen entscheidenden Hebel: Wer nicht zahlt, den kann er bei den Behörden jederzeit als Illegalen denunzieren.

José Luis Martínez sagt, er habe auf jeden Fall noch zwei Versuche gut, falls sie ihn unterwegs schnappen. In der Stadt Querétaro will er vom Zug herunter, um den *coyote* zu treffen, mit dem die entsprechende Abmachung getroffen wurde. »Er hat schon 600 Dollar bekommen«, sagt er. »Damit kauft er sich in Mexiko Leute von der Migra, und die sollen uns dann laufen lassen, wenn wir Opfer einer Razzia werden. Señor, wer Geld bei sich trägt, der kommt bei der Migra immer durch.«

Es ist Mittag geworden, sie nehmen ihre Bündel. In gut einer Stunde, so hat einer der Bahnbediensteten ihnen verraten, geht der nächste Zug nach Norden. Es gibt eine Debatte unter uns, in welche Richtung er fahren wird.

»Nach links geht es weiter«, sagen ein paar von ihnen, »denn wir sind ja von rechts gekommen.«

»Nein, nach rechts geht es weiter«, sage ich, »dies hier ist eine Art Sackbahnhof. Ihr müsst ein Stück die gleiche Strecke zurück, dann kommt die Abzweigung nach links, und die geht nach Norden.«

Die Verwirrung hält eine Zeit lang an. Sie fragen einen der Sicherheitsleute, der streckt den Arm nach rechts aus. So machen sie sich auf den Weg, um sich ein Stück weiter draußen auf die Lauer zu legen. Es sind noch 1290 Kilometer bis Nuevo Laredo.

»Wir werden uns wieder sehen«, rufe ich ihnen nach.

»Klar«, antworten sie, »ganz bestimmt.«

Worte haben den Vorteil, dass man sich immer an ihnen festhalten kann.

Einsame Wächter

»Ideen halten sich nicht.
Es muss etwas mit ihnen getan werden.«
Alfred North Whitehead
Britischer Mathematiker und Philosoph

TULA IST EINER DERJENIGEN ORTE, die einmal Geschichte geschrieben haben und dann in der Versenkung verschwanden. Ein paar Relikte seiner glanzvollen, später mythisch verklärten Vergangenheit stehen noch auf einer fünfstöckigen Pyramide ein Stück außerhalb der Stadt. Es sind die so genannten Atlanten, 4,60 Meter hohe Kriegerstatuen, die einst das Dach eines Tempels stützten. In ihrer Rechten halten sie eine Schleuder, in der Linken ein Pfeilbündel, einen Weihrauchbeutel und ein kleines Schwert, auf der Brust einen Schild in Form eines Schmetterlings. An einem geböschten Mauersockel sind noch Reste von eindrucksvollen Reliefs zu sehen: Jaguare und Adler, die menschliche Herzen in ihren Krallen halten und verschlingen. Dies war Tollán, im 10. Jahrhundert die sagenhafte Hauptstadt der Tolteken, als deren kulturelle Erben sich die Azteken verstanden, die danach die Herrschaft über das Hochtal von Mexiko übernahmen.

Hier tobte der legendäre Kampf zwischen dem Priesterkönig Quetzalcóatl (»Gefiederte Schlange«), dem Lehrer der Künste und Wissenschaften, und seinem kriegerischen Widersacher Tezcatlipoca (»Rauchender Spiegel«), dem Gott der Nacht und Patron der bösen Geister. Der Sieg der Kriegerpartei in Tollán bedeutete, dass sich ein militaristisches, auf Expansion ausgerichtetes Reich herausbildete. Wie Wissenschaftler vermuten, begannen in Tollán die blutigen Rituale, bei denen Menschen geopfert wurden, um mit deren Blut die Götter zu ernähren.

Der Passagierbahnhof von Tula stand auch einmal vor einer großen Geschichte. Jedenfalls kündet die Inschrift aus den achtziger Jahren des vergangenen Jahrhunderts davon, die zum Anlass der Einweihung in eine Steintafel am Rand der Gleise eingemeißelt wurde. Ein prächtiger Bahnhof muss es gewesen sein, mit riesigen Glasfassaden, vielen Schaltern und einer weiten Wandelhalle. Heute aber stehen hier nur noch nackte, verwitternde Strukturen. Die mexikanische Staatsbahn, heruntergekommen durch jahrzehntelange Misswirtschaft, wurde 1997 privatisiert. Seither ist in Tula, wie an fast allen anderen Bahnhöfen des Landes, kein einziger Fahrgast mehr ein- oder ausgestiegen. Nur der Personenzug von Chihuahua nach Los Mochis am Pazifik ist erhalten geblieben, weil er sich spektakulär durch die Sierra Tarahumara schlängelt und daher eine Touristenattraktion ist.

Das Eisenbahnunternehmen Transportación Ferroviaria Mexicana (TFM), im Besitz der amerikani-

Bahnhof Tula: Verwirrung auf der Wachstube

schen Firma Kansas City Southern (KCS), hat mich nach Tula beordert, nachdem sie meinen Antrag auf Mitfahrgelegenheit positiv beschieden hatte. Ich hatte wie immer angegeben, ein Buch über Eisenbahnfahrten in Mexiko schreiben zu wollen, das ist zwar nicht ganz richtig, aber auch nicht ganz falsch. TFM hat die Betriebsrechte für das Streckennetz in Mexikos Norden erworben, der die Hauptstadt mit den Grenzorten gegenüber dem US-Staat Texas verbindet. Es sind die meistbefahrenen und profitabelsten Routen des Landes. Oft rollen auf ihnen zwei Kilometer lange Züge, die nichts als Autos transportieren – sie werden in Mexiko, wegen der niedrigeren Kosten, für amerikanische Firmen montiert.

Ich bin mit dem Bus die achtzig Kilometer von Lechería hierher gekommen und dann als einsamer Wanderer zu diesem Geisterbahnhof gestapft. Unterwegs habe ich schon mal mit Zugführer Manuel Bolaños telefoniert. Er sagte mir, ich solle, in Fahrtrichtung gesehen, am rechten Gleisrand warten, der Zug werde eigens für mich halten. Vielleicht um halb fünf Uhr nachmittags, vielleicht auch erst um fünf oder um halb sechs, so genau wisse man das ja nie.

Da ich noch mindestens eine Stunde Zeit habe, lege ich mich in das hohe Gras, das schon seit Jahren nicht mehr gemäht worden ist. Zuerst scheint es, als sei hier alles menschenleer. Dann aber taucht plötzlich ein Sicherheitsmann auf. Er sieht mich liegen, stutzt einen Augenblick, dann kommt er auf mich zu.

»Warten Sie hier auf jemanden?«, fragt er und mustert mich misstrauisch.

»Ja«, sage ich, »auf den nächsten Zug Richtung Norden.«

»Mein Herr«, amüsiert er sich, »hier halten schon seit Jahren keine Züge mehr.«

»Ich weiß«, entgegne ich, »aber heute wird es eine Ausnahme geben.«

»Davon weiß ich aber überhaupt nichts«, sagt er. »Kommen Sie mal mit in unser Büro.«

Ich hätte nie geglaubt, dass in einem Winkel dieses leergefegten Gebäudes noch ein Mensch am Arbeiten ist. Jetzt aber stehe ich in einem schummerigen Raum, an einem Schreibtisch sitzt ein zweiter Sicherheitsmann mit Telefon und schnarrendem Funkgerät. In einer Ecke steht ein Marienaltar, erleuchtet von brennenden Kerzen – die heilige Jungfrau von Guadalupe, die Schutzpatronin von Mexiko und ganz Lateinamerika.

Eine halbe Stunde lang glühen jetzt die Leitungen, bis mein Fall geklärt ist. Die zwei Sicherheitsleute sind von TFM angeheuert, um alle Züge, die in Tula durchrauschen, zu checken: Zahl der Waggons, Zustand der Waggons, aber auch, wie viele Illegale sind drauf und an welchen Waggons hängen sie. Solche Posten stehen, Tag und Nacht, an der ganzen Strecke bis Texas, es kostet die Firma bestimmt eine Stange Geld. Aber das Unternehmen, das von einem reibungslosen Grenzverkehr lebt, will seine Züge

Bahnhof Tula: Zugkontrolle durch Sicherheitsleute

wie auch deren Ladung gesichert sehen, und es will schon aus Imagegründen nicht als Transporteur von Migrantenmassen gelten. So steht in Tula immer ein Wachmann mit Notizblock am Gleis und lässt seine Augen an durchfahrenden Zügen entlanggleiten. Sein Kollege drinnen gibt die Daten an den nächsten Posten durch.

»Können Sie so auf die Schnelle denn wirklich alle blinden Passagiere entdecken?«, frage ich.

»Fast alle«, sagt er selbstbewusst. »Wir kennen ja die Plätze, wo sie sich am liebsten verstecken.«

»Aber im Dunkeln sehen Sie doch nichts mehr«, wende ich ein.

»Wir haben starke Scheinwerfer«, antwortet er.

Kurz nach fünf Uhr läuft mein Zug in Tula ein. Ich steige auf die Lok.

»Hat Sie denn noch niemand gefragt, ob sie gegen ein kleines Honorar jemanden hier in der Kabine verstecken könnten?«, möchte ich von Manuel Bolaños wissen.

»Ja, einer hat es schon mal versucht«, erwidert er. »Aber wir lassen uns darauf nicht ein. Wenn es rauskommt, würden wir unsere Jobs verlieren. Das lohnt sich nicht, Señor, jedenfalls nicht bei diesen Beträgen …«

Wir hören gegen neun Uhr abends über Funk, dass die Migra bei San Juan del Río zugeschlagen hat. Sie haben den Lieblingszug der Migranten angehalten, einen, der eigentlich nonstop nach Nuevo Laredo fahren soll. Wird es uns heute auch noch erwischen? »Ich glaube kaum«, sagt Bolaños. »Wir haben fast nur Container, solche Züge mögen die Illegalen nicht, weil man sich auf ihnen überhaupt nicht verstecken kann.«

Er reicht mir meine schriftliche Genehmigung, die er von der Firmenzentrale mitgebracht hat. Ich muss unterschreiben, dass ich um das Risiko weiß, »einen Unfall zu erleiden, der Verletzungen hin bis zum Tod zur Folge haben kann«, dass ich »alle Verantwortung für meine Person und meine Güter« übernehme, dass ich das Unternehmen in keiner Weise haftbar machen kann für »Verletzungen, Tod, teilweise und völlige körperliche Behinderungen, die aus der genehmigten Reise resultieren«, und dass ich »gegen keinen TFM-Mitarbeiter rechtlich vorgehen kann, weder im Zivil- noch Straf-, weder im Arbeits- noch Handelsrecht«.

Außerdem steht da noch geschrieben, dass die Erlaubnis nur Gültigkeit hat, wenn ich zugleich meinen Pass vorlege. TFM hat an alles gedacht. Sie wollen verhindern, dass ich diesen Passierschein an einen Illegalen verkaufe.

»Ich hoffe, Sie haben alles gut durchgelesen«, sagt Zugführer Bolaños und lächelt. Dann reden wir über Dinge, die ihn und den Lokführer weitaus mehr interessieren: deutschen Fußball, deutsches Bier, deutsche Frauen.

Wege wie Blutbahnen

»Klopf an, und dir wird geöffnet werden.«
Matthäus 7,7

Eine Taube schwebt über zwei Beinen, die einen Weg entlangschreiten. Sie ist das christliche Symbol des Heiligen Geistes und das weltliche Symbol des Friedens. Die Taube soll den Wanderer geleiten, seine Schritte beseelen. Dieses Gemälde befindet sich an der Wand links neben dem Eingang.

Wege ziehen sich wie Blutbahnen durch ein Herz. Sie münden alle in ein einziges Ziel, und das erhebt sich aus dem Herzen wie die Aorta des Lebens: eine stilisierte Jesus-Figur. Dieses Gemälde befindet sich an der Wand rechts neben dem Eingang. Über dem Bild steht der spanische Spruch: »*Caminemos con Cristo*«, »Lasst uns mit Christus gehen«.

Das Haus, das durch diese Botschaften gerahmt ist, nennt sich »Haus der christlichen Nächstenliebe« und gehört der katholischen Organisation Caritas. Es liegt im ärmlichen Viertel Tlaxcala, fernab der historischen Schönheiten von San Luis Potosí. Im Zentrum der Stadt stehen noch die Prachtbauten aus den Zeiten der großen Gold- und Silberfunde, die im 16. und 17. Jahrhundert spanische Glücksritter in

Scharen hierher lockten. Der Namensteil Potosí, »Platz des großen Reichtums«, stammt aus dem Ketschua, das die Indianer in den südamerikanischen Anden sprechen. Er wurde der Siedlung San Luis in Anklang an die gleichnamige Stadt im heutigen Bolivien verliehen, die zu jener Zeit durch riesige Silberschätze zur größten und reichsten der westlichen Welt geworden war. Bis 1824 war das mexikanische San Luis Potosí die Hauptstadt eines riesigen Verwaltungsbezirks, zu dem damals noch ganz Texas gehörte.

Nicht mehr als zweihundert Meter hinter dem Caritas-Haus verläuft die Bahnlinie. Tag und Nacht sind die Warnsignale und das hektische Schnaufen der Dieselloks zu hören. Tag für Tag stolpern Gruppen von erschöpften jungen Leuten aus dem Bahnhofsgelände heraus und schleichen durch die engen Straßen, um diese Casa del Migrante zu finden. Nochmal zweihundert Meter Bangen nach zehn, zwölf oder vierzehn Stunden Fahrt. Dann lassen sie sich an der Rezeption in ein durchgesessenes Sofa fallen. Sie verharren ein paar Minuten schweigend, um die Wärme zu genießen, die Muskeln zu entkrampfen und die innere Spannung zu lösen.

Nelson Yovane, 20, und Arnulfo Rodríguez, 21, drücken sich durch die Eingangstür. Die Honduraner haben eine Nacht auf einem Waggon hinter sich, mit nichts als einem Hemd am Oberkörper. Sie zittern beide an Armen und Beinen, einem schaut ein

Eingang zum »Haus des Migranten« in San Luis Potosí

zerschundenes Knie aus einer zerrissenen Jeans heraus. Bei Arriaga, drunten in Chiapas, haben Räuber nachts ihren Zug gestoppt, so erzählen sie. Seither haben sie ihre Rucksäcke nicht mehr, sondern nur noch das, was sie am Leibe tragen.

»Wollt ihr einen Kakao?«, fragt Magdalena María Derbez, die Chefin des Hauses.

Ein stummes Nicken mit den Köpfen, dankbare Blicke aus hohlen, matten Augen. Sie reiben sich die verdreckten, steif gefrorenen Hände, um den dampfenden Pappbecher festhalten zu können. Dann nehmen sie ein paar gierige Schlucke, mit jedem Schlürfen kehrt ein Stück Lebensgefühl zurück. Dem Begrüßungstrunk folgt die Leibesvisitation. Einer der Migranten wird jeden Tag dafür abgestellt.

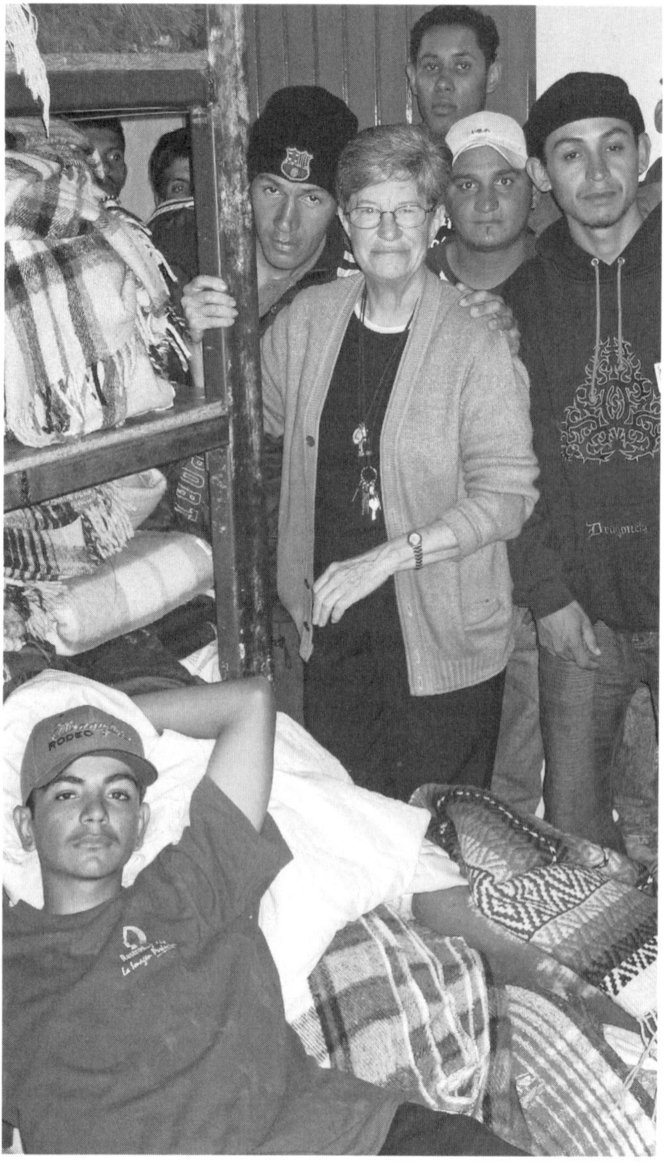

María Derbez, »die Mutter« der Migranten

Hemd aus, Schuhe aus, Hosenbeine hoch, alle Taschen werden durchsucht, der ganze Körper abgetastet. Alles, was irgendwie nach Waffe aussieht, wird den Neuankömmlingen abgenommen. Oben in ihrem Zimmer hat Señora Derbez neben dem Bett eine Schublade, die schon randvoll mit Messern und Scheren und einem riesigen Sortiment von weiteren Hieb- und Stichwerkzeugen gefüllt ist.

Die Frau fragt nicht nach dem Woher und Wohin, die Antwort wäre ja immer ziemlich die gleiche. Sie registriert die Namen und verweist auf die Hausordnung, die am Eingang an der Wand hängt: Aufenthaltsdauer maximal drei Tage, pro Tag drei Mahlzeiten gratis, Alkohol und Drogen verboten, Mitarbeit beim Putzen, Kochen und Spülen, keine Kontakte zu Schleusern im Haus oder in dessen Umgebung, Nachtruhe ab 21 Uhr. Die Frau schaut sich die Neuen von oben bis unten an. Verletzungen? Misshandlungen? Sie zupft und tupft an ihnen herum, für den Notfall liegen Pflaster bereit. Sie hat in den zwei Jahren, die sie das macht, einen Blick für die jungen Leute bekommen und ist wie eine Mutter zu ihnen. *La Madre*, »die Mutter«, heißt sie in diesem Haus. *Mis chavos*, meine Burschen, nennt sie die jungen Männer, *mis chavas* analog die jungen Frauen.

»Braucht ihr noch was?«, fragt *La Madre*.

»Nein danke, nur Schlaf«, murmeln die Neuen, schieben sich durch ein Tor in den Innenhof, suchen sich eine freie Matratze in einem der halbdunklen

Schlafsäle, lassen sich der Länge nach darauf fallen, ziehen sich eine Decke über den Kopf und regen sich die nächsten Stunden nicht mehr.

Die 64-jährige Frau hat drei Söhne und neun Enkel. Sie war siebzehn Jahre lang Katechetin, arbeitete mit Alkoholkranken und Drogensüchtigen. Eines Tages nahm eine Ordensschwester sie zufällig mit in dieses Heim, und seither spielt sie noch einmal die Mutterrolle, es ist die Rolle ihres Lebens. Im Jahr 2003 haben siebentausend Migranten in diesem Haus Zuflucht gesucht; 2004 ist die Zahl auf zehntausend gestiegen; 2005 werden es, wenn es so weitergeht, wieder ein paar tausend mehr sein. »Ich werde hier bleiben, solange ich lebe«, sagt *La Madre*. »Die einen wollen mich einschüchtern

»Die Mutter« am Empfang

Anstehen zur Essensausgabe

und drohen, dass sie mich noch ins Gefängnis stecken werden. Die anderen wollen mich ködern, ein *pollero* hat mir sogar schon ein Heiratsangebot gemacht. Aber das interessiert mich alles nicht. Dies ist die schönste Arbeit, die es für mich gibt. Ich werde hier bleiben, solange ich lebe.«

Häuser wie diese sind die einzigen Refugien, die es für die Illegalen gibt. Da sie im Besitz der Kirche sind, bleiben Polizei, Militär und Migra vor der Tür. Natürlich gibt es Ärger mit den Nachbarn, denen das alles unheimlich ist, und mit den Behörden, die *La Madre* und deren Helfer ab und zu beschuldigen, getarnte Drogendealer bei sich zu beherbergen. Aber die Kirche hält eisern ihren schützenden Mantel über das Haus. Martha de la Luz Rivera, eine Rechtsan-

Abendessen im Speisesaal

wältin, die für die Caritas tätig ist, sagt: »Häuser wie dieses sind wie Sauerstoff für die Migranten. Wenn sie die paar Zufluchtsstätten nicht hätten, würden sie die Reise nicht durchstehen.«

Im Speiseraum läuft der Fernseher, hier lassen sie sich mit Westernfilmen und Liebesdramen berieseln, um wenigstens für ein paar Stunden auf andere Gedanken zu kommen. Alle paar Minuten wird ein Name ausgerufen. Derjenige stürzt dann zum Telefon, die rettende, alles entscheidende Strippe, die über die nächste Etappe entscheidet. Man bekommt Telefonkarten, bezahlt von der Caritas, um auch sel-

Luxuserlebnis: eine weiche Matratze

ber mal anrufen zu können: die Frau, die Kinder, vor allem aber den *pollero* oder *coyote*, der irgendwo im sicheren Versteck die Dinge regelt. Ich brauche nur zu sehen, wie sie vom Telefon zurückkehren, und weiß, wie ihnen zumute ist. Den einen leuchten die Augen, sie packen fieberhaft ihre Sachen zusammen. Die anderen trotten mit hängenden Köpfen zurück und fallen frustriert wieder aufs Bett. Keine Antwort am anderen Ende der Leitung, auch beim fünften, sechsten und siebten Versuch nicht. Keiner spricht es aus, doch jeder denkt es in einem solchen Augenblick: Haben die mich etwa hängen lassen?

Die Luft in den Schlafsälen ist stickig und schlecht. Aber was ist das im Vergleich zu dem Gefühl, einmal richtig weich zu liegen, ohne Angst einzuschlafen und nicht durchgefroren aufzuwachen. Ich setze mich auf eine Bettkante, ein Dutzend Illegaler schart

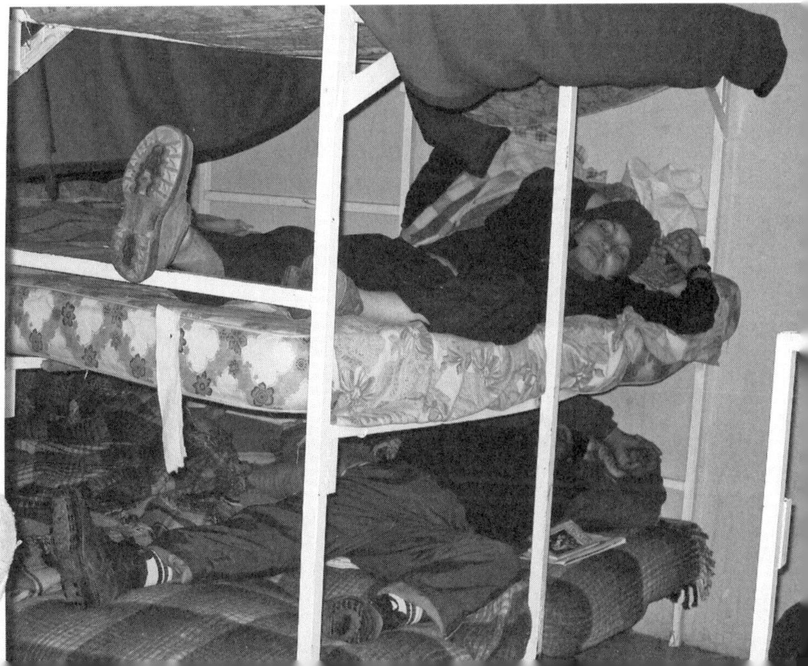

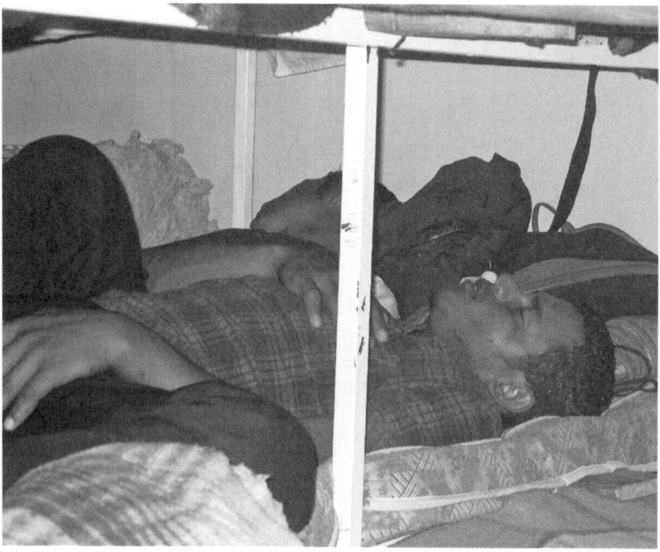

Schlafen bringt die Kräfte zurück.

Entspannung vor dem Fernseher

Das Telefon ist …

… die Nabelschnur.

Frische Wäsche, im Regal sortiert

sich um mich, und neue Horrorgeschichten machen die Runde.

»Da drüben in dem Raum liegt ein Epileptiker, der hat gerade einen Anfall«, sagt einer. »Mann, was für ein Schwachsinn, als Epileptiker sich auf einen Güterzug zu schwingen!«

»Ich saß auf dem Dach eines Kesselwagens«, erzählt ein anderer. »Irgendwann habe ich mich mal aufgerichtet, um meine Jacke auszuziehen, da hat mich ein Ast vom Zug gefegt. Ich blutete, hatte Arme und Beine verstaucht, konnte nicht mehr richtig gehen. Zum Glück aber war ich nicht mit dem Kopf aufgeschlagen und daher bei Bewusstsein geblieben. Ich hatte einen Zigarettenanzünder dabei, mit dem entfachte ich nachts ein Feuer. So fanden mich Campesinos nach ein paar Stunden und machten mir ein paar Verbände.«

»Ich weiß von einer Frau, die mit ihrem Baby auf dem Zug fuhr«, sagt ein Dritter. »Irgendwann in der Nacht schlief sie ein, und als sie wieder aufwachte, hatte sie das Baby nicht mehr in den Armen …«

Ich finde in dem Gewühl acht Leute, die ich schon früher auf dem Zug getroffen hatte: fünf in Ciudad Hidalgo, einen in Ixtepec, und dann sind da auch wieder Cristián und David, die zwei Guatemalteken, mit denen ich auf dem Zugdach gesessen bin.

»Wann geht es bei euch weiter?«, frage ich.

»Wahrscheinlich heute Abend«, antworten sie. »Aber wir müssen erst noch telefonieren.«

Singen und Klatschen – und zwei Stunden lang alles vergessen

»Ich möchte gern mit euch auf den Zug«, sage ich. »Darf ich es probieren?«

»Dein Risiko«, sagen sie. »Du weißt ja, was dich erwartet.«

Es ist Freitag, und jeden Freitag erlebt dieses Haus zwei bewegende Stunden. Zwei Männer aus der Kirchenpfarrei reißen die Migranten aus ihren Gedanken. Der eine baut seine Hammondorgel auf, der andere richtet das Mikrofon. Sie singen und spielen, während es draußen dunkel wird. Ihre Lieder künden von Gott und Jesus und Maria, von der Erlösung aus Sünde und Leid, vom auserwählten Volk, das im Gottvertrauen durch die Wüste zog, aber im Grunde ist der Inhalt der Texte völlig egal. Zwei Stunden lang singen die Illegalen mit, klatschen im Rhythmus in die Hände. »Wir sind das geweihte Volk«, lautet ein Refrain, »und suchen nach unserem Heil.« Sie teilen das Empfinden, dass sie gemeinsam leiden, und es ist, als sängen sie sich mit jeder Strophe gegenseitig Mut zu. Zwei Stunden lang können sie ein bisschen vergessen und von etwas anderem als der Grenze träumen. Dann packen die Musikanten, die dieses Gastspiel ehrenamtlich geben, ihre Sachen wieder ein.

Die Migranten stellen sich zum Abendessen an, schnell noch den Magen mit schwarzen Bohnen, Reis und Tomatensoße füllen. Danach schnüren sie die Rucksäcke und verschließen ihre Plastiktüten mit Knoten. *La Madre* klopft ihnen aufmunternd auf die Schultern und steckt ihnen ein paar Vitamintabletten zu. Es ist Nacht, und die Nacht ist leider nicht zum Schlafen da.

Schotter und Schwellen

»Wer kämpft, kann verlieren.
Wer nicht kämpft, hat schon verloren.«
Bertolt Brecht
Deutscher Schriftsteller

Am Bahnhof San Luis Potosí wimmelt es von Sicherheitsleuten. Sie wissen genau, woher die Illegalen kommen. Sie wissen, wohin sie wollen. Sie kennen auch die Büsche, Verschläge und Mauernischen, in denen sie den Zügen auflauern. »Das Gelände ist heiß, ungeheuer heiß«, sagt *La Madre* zu mir. »Sie haben dort nicht die geringste Chance.«

Es ist neun Uhr abends. Heute laufen im »Haus der Nächstenliebe« offenbar nur schlechte Nachrichten ein. Zwei frustrierte Migranten tauchen am Eingang auf, der gerade verschlossen werden soll. Carlos Josel Rodas, 33, und Marvín Alexander Anaya, 21, sind mit einem Taxi aus Bocas zurückgekommen, das vierzig Kilometer entfernt liegt. »Da ist gerade eine Razzia im Gang«, erzählen sie. »Drei Honduraner aus unserer Gruppe sind der Polizei in die Hände gefallen, wir sind mit knapper Not entkommen. Wir sagen euch nur, auch dort ist es heiß.«

Ein befreundeter Kommandant, sagt *La Madre*, hat sie soeben angerufen und vor Bocas gewarnt. Er ist einer der Polizisten, die Migranten nicht ins offene Messer laufen lassen wollen. Was bleibt da überhaupt an Möglichkeiten? *La Madre* ringt verzweifelt die Hände. »Ich weiß wirklich nicht mehr, wohin ich meine *chavos* schicken soll.«

Die Gruppe, der ich mich angeschlossen habe, umfasst mit mir zusammen fünf Leute. Cristián und David sind darunter, die zwei Guatemalteken, dazu José Domingo, 22, und Yunior Bustillo, 29, beide aus Honduras. Wir zerbrechen uns seit einer Stunde die Köpfe, wo wir es riskieren sollen. Für das, was ich jetzt vorhabe, gilt meine Erlaubnis natürlich nicht. Ich habe mich vor Antritt jeder Zugfahrt bei der Bahnhofsaufsicht, dann beim Lokführer zu melden. Nun aber verzichte ich auf die sichere Lok. All meine bisherigen Aufzeichnungen, all meine Fotos sind per Kurier in die Hauptstadt unterwegs. Nun will ich möglichst jede Minute mit den Illegalen teilen.

Wir können noch so lange beratschlagen, eine andere Option als Bocas kommt nicht heraus. Bocas ist ein kleiner, stillgelegter Bahnhof. Angeblich halten dort öfter Züge, weil es ein Ausweichgleis für den Gegenverkehr gibt. Angeblich kommt in Richtung Norden hinter dem Bahnhof eine Kurve, also muss jeder Zug mit der Geschwindigkeit herunter; das bietet vielleicht eine Chance, sogar während der Fahrt aufzuspringen. So sind die Informationen, die wir haben. Keiner von uns kennt das Gelände, keiner ist je in Bocas gewesen.

Noch ein paar Minuten zögern wir, dann rufen wir ein Taxi. Der Preis für die vierzig Kilometer beträgt dreihundert Pesos, gut zwanzig Euro. Ich zahle hundert Pesos, den Rest teilen sich die anderen vier. Die Illegalen sind für die Taxiunternehmer ein nie abflauendes Geschäft. Der Fahrer hat ein großes Mundwerk, erzählt von seinen Heldentaten, die er mit Migranten vollbracht hat. »Ich habe sogar schon Leute aus Coatzacoalcos hierher transportiert«, das sind mehr als tausend Kilometer. »Keine Sorge, ich kenne einen sicheren Weg für euch, da hinten am Flughafen vorbei und dann ein Stück querfeldein.« Er gibt Gas, dass es uns fest an die Rückenlehnen drückt.

Wir rumpeln durch ein ärmliches Wohngebiet, in dem fast alle Lichter schon erloschen sind. Das Auto, nicht unbedingt mehr mit der besten Federung ausgestattet, kracht in tiefe Schlaglöcher, mal sitzen wir vorn, mal hinten auf. Nach etwa zehn Kilometern Erdstraße haben wir wieder Asphalt unter uns. »Das ist der Weg nach Bocas«, sagt der Fahrer. Wir sprechen kein Wort, und doch überschlagen sich in jedem von uns die Gedanken. Bloß keine Polizei, bloß keine Straßensperre … Über den Taxifunk hören wir mit, dass die Migrantenjagd noch immer im Gang ist. Warum dauert sie heute so lange? Oder werden an mehreren Stellen nacheinander Checkpoints errichtet? Jedes Scheinwerferpaar, das auf uns zukommt, versuchen wir krampfhaft zu entschlüsseln.

»Haltet schon mal das Geld bereit«, fordert uns der Chauffeur auf, wir sollten es ihm nicht übel nehmen, aber schließlich müsse er auch an sich denken. Das Aussteigen muss blitzschnell gehen, es darf kein Aufsehen geben, da bleibt keine Zeit für das Kramen nach Scheinen und Münzen. Er steckt sein Bündel Banknoten ein, dann stoppt er am Ortsrand von Bocas. »Da drüben ist die Bahnlinie«, sagt er und streckt den Arm in die Nacht hinaus. Sekunden später ist er weg, und wir stehen allein auf der Straße.

Wir sehen schemenhaft ein paar Gestalten, die durch die Finsternis hasten – da vorn rechts, wo die Häuser beginnen. Das können nur Illegale sein, die sich auf der Flucht befinden. Wir halten uns erst mal weiter links, suchen ein Gelände, das ein wenig Deckung bietet. Wenn wir ein Motorengeräusch hören, springen wir in dornige Büsche oder ducken uns hinter Kakteen auf den harten, knochentrockenen Boden. Niemand, der hier vorbeikommt, darf uns sehen, es könnte ja eine Patrouille sein. Wir kommen uns vor wie Verbrecher.

Mit der Zeit haben wir das Gefühl, zu weit nach links geraten zu sein. Von Gleisen ist nichts zu sehen. Also queren wir die Straße und tasten uns auf der anderen Seite an Mauern entlang. Hier sind ein paar Bauernhöfe, die unvermeidlichen Hunde fangen an zu bellen, das fehlt gerade noch. Wir huschen um ein paar Ecken, da zischt der Erste: »*La vía, la vía …*« – die Bahnstrecke liegt vor uns.

Wir versuchen zuerst die Lage zu peilen. Wo ist die Kurve? Einer von uns sucht die Strecke ab und findet die Krümmung in ein paar Minuten. Nun wissen wir zumindest, wo es nach Norden geht. Wo kommt der Zug zum Halten, um den Gegenzug abzuwarten? Wir brauchen ausreichenden Abstand von der Lok, damit das Zugpersonal nichts merkt. Wo ist die Polizei? Weiter nördlich? Dann hätten wir sie noch vor uns. Weiter südlich? Dann hätten wir sie hinter uns. Aber nichts an diesem Ort gibt uns einen Hinweis darauf.

Ganz in der Nähe geht ein Feuerwerk los, in irgendeinem der Häuser ist eine *fiesta* im Gange. Gut zu wissen, dass hier noch Leute wach sind. Die Sympathien der Campesinos für Polizisten hält sich in Grenzen, das wissen wir aus Erfahrung. Also beschließen wir, zwei von uns zu der Feier zu schicken. Sie kommen nach zwanzig Minuten mit einer guten Nachricht zurück. Mit unserem Taxi haben wir die Straßensperre tatsächlich umgangen.

Die Streckensignale stehen auf Grün in Richtung Norden und auf Rot in Richtung Süden. Wir bräuchten es genau umgekehrt. Denn so, wie es jetzt aussieht, wird nicht »unser« Zug, sondern der Gegenzug halten. Aber manchmal springen Signale auch wieder um. Notfalls heißt es eben warten und noch einmal warten. Wer so reisen will wie wir, braucht nicht nur gute Nerven, sondern auch Geduld.

Wir suchen die beste Stelle für den entscheidenden Moment. Am Rand der Trasse sind Schienenstränge und Schwellen aufgetürmt, die entweder schon ausgetauscht wurden oder noch eingesetzt werden sollen. Sie bieten uns ausreichend Deckung, um nicht bei der Annäherung des Zuges ins Licht der Lokscheinwerfer zu geraten. Wir strecken uns auf dem Boden aus und versuchen, uns ein wenig zu entspannen. Das Warnsignal des Zuges ist zum Glück etliche Kilometer weit zu hören. Er stößt es bei jedem Feldweg aus, der die Bahnlinie quert. Also werden wir den Zug auf jeden Fall früh genug hören, um uns bereitzumachen.

Es ist Mitternacht, allmählich wird es kühl. Zwar ist der Himmel größtenteils mit Wolken bedeckt, was bedeutet, dass das Thermometer nicht ganz so tief sinkt, aber wenn der Körper sich nicht bewegt,

kriecht die Kälte unweigerlich an ihm hoch. Wir beginnen uns zusammenzukrümmen, um den letzten Rest Wärme zu halten.

Plötzlich springt Yunior Bustillo auf. »Kojote!«, zischt er, »Kojote!« Ich brauche eine Sekunde, um zu begreifen, dass er diesmal nicht den Schleuser, sondern das Tier meint. Er deutet auf einen Schatten, der durch das fahle Mondlicht schleicht. Wir suchen nach Holz, das wir als Knüppel verwenden könnten, finden aber nichts. So raffen wir Steine zusammen, die um uns herum liegen. Jetzt, da wir alle stehen, zieht der Kojote offensichtlich von dannen. Aber wir wissen nun, was es heißt, sich hier einfach nachts am Boden auszustrecken. Hätten wir alle geschlafen, dann hätte er möglicherweise angegriffen.

Es ist kurz vor ein Uhr, da naht der erste Zug aus Süden. Wir zurren unser Gepäck zurecht und kauern sprungbereit in dem Versteck. Der grelle Lichtkegel der Lok schiebt sich auf uns zu, dann dröhnen die Waggons an uns vorbei, ich schätze mindestens Tempo fünfzig. Kein Zeichen von Abbremsen – so geht die erste Hoffnung dahin. Als es wieder still wird, blicken wir uns an. »Warten wir auf den nächsten«, sagt einer. Sie kennen dieses Spiel schon lange. Man kann es zum Glück viele Male verlieren – es reicht, wenn man es einmal gewinnt.

Nächtliche Rast auf den Schienen

Der nächste Zug nach Norden kommt schon zehn Minuten, der übernächste zwanzig Minuten später. Aber es ist jedes Mal das Gleiche. Sie rauschen mit einer Geschwindigkeit durch, die ein Aufspringen unmöglich macht. Wir warten noch einen vierten Zug ab – wieder nichts. Dann ist es zwei Uhr vorbei. Allmählich kriegen wir das Gefühl, dass der Zufall uns hier in Bocas wohl nicht in die Hände spielen wird. Wir beschließen, das Einzige zu tun, was uns als Option noch bleibt. Wir marschieren los. An dem verlassenen Bahnhofsgebäude hängt ein Schild, das schon hundert Jahre alt sein muss. Darauf steht: »Nuevo Laredo 724 Kilometer.«

Hinter dem Bahnhof beginnt ein schmaler Pfad, der links an den Schienen entlangläuft. Wir steigen hinüber auf die andere Seite – auch dort ein Pfad, nur ist die Böschung steiler. Wir müssen immer darauf achten, dass wir erstens eine Deckung und zweitens einen halbwegs schnellen Zugang nach oben haben, falls, ja, falls … Es ist wirklich nichts als der reine Zufall, eine minimale Chance, auf die wir unsere Hoffnungen setzen. Irgendwann, irgendwo kommt vielleicht gerade da ein Zug zum Halten, wo wir uns befinden. Das kann Stunden dauern, vielleicht Tage. Jeder Zug, der vorbeirauscht, ist eine Enttäuschung. Wie viele Enttäuschungen steckt man weg, ohne dass der Wille schwindet?

Wir ziehen einsam durch die Nacht. Die Pfade haben uns verlassen, wir müssen also über den

Schotter am Gleis. Die spitzen Steine schneiden in die Sohlen, so schmerzen die Füße viel schneller als sonst. Wir versuchen, die Schuhe möglichst auf die Schwellen zu setzen, aber die Schwellen erlauben keinen gleichmäßigen Rhythmus, sie wurden ja auch nicht für Wanderer gebaut. Da drüben rechts verläuft eine Straße, wir sehen es an Autoscheinwerfern, aber was nützt uns die Straße, wir brauchen die Schienen, nie dürfen wir von ihnen weg. Ab und zu blinken in der Ferne auch Lichter auf, die sich nicht bewegen: ein paar Bauernhöfe, vielleicht ein kleines Dorf. Wir krallen uns optisch an diesen Punkten fest, um das Gefühl zu behalten, dass wir nicht ganz verlassen sind. Lichter bedeuten Häuser, Häuser bedeuten Menschen, und die kann man um Auskunft, um Essen, um Wasser bitten. Das ist die geistige Nabelschnur, an der wir uns durch die Finsternis hangeln.

Zwei weitere Züge nach Norden jagen an uns vorbei. Sie sind noch deutlich schneller als in Bocas, ich schätze Tempo achtzig, die Strecke ist jetzt schnurgerade. Im Norden von Mexiko sind die Gleisanlagen stabiler, haben mir die Eisenbahner erzählt, weil es hier wenig regnet und die Erde festgetrocknet ist. Wir gehen noch zwei Mal in Deckung und spüren, wie der Boden unter uns bebt. Schier übermächtig groß, ja fast drohend, donnern die Waggons über unseren Köpfen.

Wir spüren, wie die Kräfte nachlassen. Es ist fünf Uhr morgens, da sacken wir erschöpft aufs Gleis, die

Köpfe sinken auf die Brust, so hängen wir ein paar Minuten durch. Nein, wir können doch nicht auf der Bahnstrecke bleiben. Also raffen wir uns doch wieder auf und wollen wenigstens so etwas wie einen Schlafplatz suchen. Ein paar Minuten später liegen wir hinter einem Busch am Fuß der Böschung, rollen uns zusammen wie Hunde. Kojote hin, Kojote her, wir sind am Ende, und die Augen bleiben einfach nicht länger offen.

Nach einer knappen Stunde wachen wir schon wieder auf, weil wir vor Kälte zittern. So schleppen wir uns auf den Schienen in den neuen Tag. Wir treffen einen Frühaufsteher, der auf seinem Acker Holz hackt. Da vorn, sagt er, liege sein Dorf, Enramada mit Namen. Keine Polizei, aber Leute von der Zugsicherheit. Wir trotten in das trostlose Nest, von Bocas bis hierher waren es vierzehn Kilometer. Etwas abseits der Bahn entdecken wir einen Gemischtwarenladen, der aber noch geschlossen ist. Wir setzen uns vor den Eingang und warten. Um acht Uhr kommt die Besitzerin, eine ältere Frau mit zerfurchtem Gesicht und löcherigen Wollstrümpfen. Sie wirft einen Blick auf meine vier Begleiter und weiß sofort, wen sie vor sich hat; mich selber nimmt sie leicht irritiert zur Kenntnis.

»Hier lassen sie euch nicht auf den Zug«, sagt die Frau. »Ihr müsst wohl noch ein Stückchen weiter.« Kommt irgendwann wieder ein Bahnhof? Oder ein Ausweichgleis, wo Züge halten? »Oh je«, sagt sie,

»das ist sehr, sehr weit.« Sie weiß nicht, wie viele Kilometer, sie weiß auch nicht, wie viele Stunden. Aber ihre Gesten machen nicht viel Mut.

Jeder der vier Migranten kauft eine Flasche Limonade und ein Pfund Tortillas, jene runden Maisfladen, die Mexikaner tagaus, tagein zu so ziemlich allen Mahlzeiten verzehren. Ich verteile ein paar Nektarinen, das Letzte, was von meinem Proviant geblieben ist. Wir halten wieder Kriegsrat.

»Es hilft nichts, wir müssen weiter«, sagen meine Begleiter.

»Seid ihr wahnsinnig«, lautet mein Kommentar. Ich blicke auf den endlosen Schienenstrang, auf die endlose Landschaft, die so flach ist wie ein Brett und bei Tag noch abschreckender wirkt als bei Nacht. Die Sonne am jetzt wolkenlosen Himmel wird schon in wenigen Stunden gnadenlos brennen. »Ihr habt nichts als Steppe und Kaktus vor euch. Tagelang nichts als Steppe und Kaktus und nicht die geringste Chance auf Wasser!«

»Wir sind auch schon mal fünf Tage gelaufen«, sagen sie ungerührt. »Wir haben keine andere Wahl.«

Ich spüre, dass sich hier unsere Wege trennen werden. So gehe ich hinüber zu ein paar Männern, die unter einer hochgeklappten Motorhaube an einem Auto herumbasteln. Der einzige Bus für heute, sagen sie, ist schon um viertel vor sieben durch. »Aber wenn wir das Auto repariert haben, können wir dich nach Moctezuma bringen. Das liegt an der Hauptstraße, und dort kommen Busse alle zwei bis drei Stunden durch.«

Ich handele mit dem Autobesitzer den Preis aus. Fünfzig Pesos, ein gutes Extrageld, zumal er, wie sich herausstellen wird, die zehn oder zwölf Kilometer heute sowieso gefahren wäre, er muss nämlich zu einer Beerdigung.

Ich gebe den Migranten meine Handynummer. Dann reichen wir einander die Hände.

»Ihr werdet bei lebendigem Leib vertrocknen«, sage ich.

Sie blicken mich wortlos an. Dann packen sie ihre Sachen zusammen, jeder nimmt seine Limoflasche in die linke und seine Plastiktüte mit den Tortillas in die rechte Hand. So ziehen sie weiter die Schienen entlang. Hauptsache, es geht nach Norden.

Katz und Maus

»Alles wird kleiner, alles verliert sich, wenn du eine Landschaft hinter dir lässt. So ist das Leben.«
Julio Torri
Mexikanischer Schriftsteller

Ich bin zurückgekehrt nach San Luis Potosí. Diesmal steuere ich offiziell das TFM-Büro im Bahnhof an. Es bleibt mir nichts anderes übrig, als noch einmal Gebrauch von meiner Genehmigung zu machen. Vormittags um halb elf Uhr fährt der nächste Güterzug Richtung Grenze ab. Er hat 78 Frachtwagen, 37 davon sind beladen, die Gesamtlänge beträgt 1,7 Kilometer. Ein ganzer Trupp von Wachleuten sichert ihn zu beiden Seiten ab. Als er das Bahnhofsgelände verlässt, jagt ein Pick-up mit der Aufschrift *Seguridad Ferroviaria* auf der holprigen, staubigen Straße neben ihm her – sozusagen als Flankenschutz.

Ein paar Verwegene versuchen es trotzdem. Als das Auto der Wachleute an ihnen vorbei ist, stürmen sie aus einer schmalen Straße, die an der Bahnstrecke endet, auf die letzten Waggons zu. Der Zug ist noch ziemlich langsam, irgendwie kriegt jeder von ihnen eine Trittstufe und ein Stück Geländer zu fassen. Sie ziehen sich mit geübten Schwüngen hoch – wir haben wieder ein paar blinde Passagiere. Fünf Kilometer später erhält der Lokführer über Funk die

Zughalt wegen Gegenverkehrs: die große Chance …

Order zum Halten. Ein Streckenposten des Sicherheitsdienstes hat die Illegalen entdeckt. Der Pick-up rast ans hintere Zugteil, die Wachleute scheuchen vier Illegale herunter. Ich sehe von weit vorn, wie zwei Migranten an den Waggons entlangrennen. Sie geben diesen Zug offenbar nicht auf, sondern suchen einen Platz, der besser vor Blicken schützt.

Dies also ist die neue Variante des Themas. Das Unternehmen TFM setzt offenbar ganz auf seinen privaten Sicherheitsdienst, um die Züge frei von Illegalen zu halten. Die Wachleute aber sind keine Polizisten. Sie dürfen die Migranten zwar mit Gewalt vom Zug herunterholen, aber nicht festnehmen. Das läuft in vielen Fällen auf ein Katz-und-Maus-Spiel hinaus. Mal gewinnen die einen, mal die anderen. Es

... zum Aufspringen

ist ein endloses, sinnloses Gezerre um ein Problem, von dem niemand weiß, wie man es aus der Welt schaffen soll.

Die Sicherheitsleute stehen an allen Bahnhöfen, an einsamen Hütten draußen in der Öde, im Dorf Maroma ist sogar einer mit Hilfe einer Leiter auf einen Baum gestiegen, um den Zug von oben zu checken. Immer wieder begleiten uns Staubwolken, aufgewirbelt durch die Pick-ups des Wachdienstes, die uns auf Feldwegen folgen. Ich versuche, mir die Motivation dieser Leute vorzustellen, deren einziges Erfolgserlebnis es ist, Menschen von einem Zug zu verjagen – obwohl sie nur zu gut wissen, dass sie diese Menschen nie loswerden, weil die es spätestens beim nächsten Zug wieder probieren.

Beim Thema Migranten bilden sich in Mexiko eigenartige Fronten. Ein hochrangiger Polizist hat heimliche Sympathien für die Leute, gegen die er vorgehen soll – vielleicht hat er selber einen Sohn, der illegal in die USA ging. Wachleute, die an Bahnhöfen Dienst tun, geben den Illegalen in aller Freundschaft Tipps, wie sie weiterkommen können. In Chiapas, wo der Zug am langsamsten fuhr, habe ich am Streckenrand Menschen gesehen, die voll gefüllte Wasserflaschen hochstreckten – als Geschenke für die Leute, die an den Waggons hingen und freudig mit schnellem Griff die Flaschen an sich rissen. Mehr und mehr komme ich zu dem Schluss, dass diese Illegalen von einer großen Schar Sympathisanten durch ganz Mexiko getragen werden.

Die Unterstützung ist dort besonders groß, wo die Menschen am ärmsten sind: auf dem Land. Das ist der Grund, weshalb die Migranten sich bei ihren einsamen Märschen in den Dörfern der Campesinos am sichersten fühlen. Ein ungeschriebenes, nie ausgesprochenes, aber ständig fühlbares Gesetz diktiert das Handeln der einfachen Mexikaner: Wenn die Reichen immer nur den Reichen helfen, so wie es halt üblich ist da oben in der Politik, dann müssen eben auch die Armen den Armen helfen. So tun Leute, die Uniform tragen, oft genau das Gegenteil von dem, was eigentlich ihr Job wäre. Der lächerlich

Kahle Berge im Norden Mexikos

niedrige Sold schließt sie aus dem Kreis der Mächtigen aus, die sie beschützen sollen, und treibt sie ins Lager derer, die noch ein bisschen weniger haben. Wer gar die Polizei zum Gegner hat, der hat die einfachen Leute allemal als Bundesgenossen. Denn deren Erfahrungen mit Polizisten sind: Wenn man sie braucht, sind sie meistens nicht da. Wenn man eine Ordnungswidrigkeit begeht, nutzen sie das für eine *mordida* – ein paar Scheine, die sie sich selber in die Taschen stecken. Sie sind korrupt, dass einem manchmal die Galle überläuft, machen selber mit bei Autodiebstählen und erst recht bei Drogengeschäften. Jede Gelegenheit, ihnen eins auszuwischen, nimmt ein schlichter Mexikaner gerne wahr.

Vielleicht, so sinniere ich, stoßen wir hier an den Schienen auf die Urkräfte der mexikanischen Revolution, sozusagen auf den harten, geistigen Kern, der

in diesem Land ein ganzes Jahrhundert überlebt hat: ein tief sitzendes Gefühl für ausgleichende Gerechtigkeit und eine ebenso tief sitzende Lust zur Anarchie. Beides kommt immer dann zum Vorschein, wenn es eine Gelegenheit gibt, auf die Regierung und deren Gesetze zu pfeifen.

Ich übernachte in Vanegas, das früher ein Eisenbahnerstädtchen war und seit der Privatisierung der Bahn in sich zusammenfällt. Das »Gästehaus« neben den Gleisen bietet als Zimmer fensterlose Verschläge, für die man eine starke Psyche haben muss. Am nächsten Morgen finde ich ein Musterbeispiel dafür, wie die beschriebene Front durch die Seele eines Mexikaners läuft: Juan Rodríguez, den 48-jährigen Bahnhofsvorsteher. Vor zwanzig Jahren ist er selber

Härte der Landschaft: Palmgewächse und Gestrüpp

illegal in die USA abgehauen, freilich schnappten sie ihn schon nach drei Monaten im texanischen Corpus Christi und schoben ihn über die Grenze ab. Heute leben fünf Verwandte drüben im Gelobten Land, drei legal, zwei illegal, und wenn er sieht, was die jungen Leute auf sich nehmen, die sich da an die Züge hängen – »Señor, für die muss man einfach Mitleid empfinden.« Wir sehen draußen zwei Männer über die Gleise schleichen, Pullover wie üblich um die Hüfte geknotet. Rodríguez könnte die Polizei rufen, um die Illegalen festnehmen zu lassen. Aber er wird gar nichts tun.

Mein Zug nach Saltillo braust durch raues, baumloses Land. Als die spanischen Konquistadoren im 16. Jahrhundert hierher kamen, wehrten sich die Chichimeken, ein halbnomadisches Indianervolk, mit blutigen Attacken gegen die neuen Herren, ehe auch sie als Sklaven in den Gold- und Silberminen landeten. Heute ist die unbarmherzige Steppe noch immer heilige Erde für Indianer. Einmal im Jahr kommt eine seltsame Prozession in die einstige Minenstadt Real de Catorce, die oben in den Bergen liegt und auf der Straße nur durch einen langen Tunnel zu erreichen ist. Es sind Huicholen auf der Suche nach dem Peyote-Kaktus, der ausschließlich in dieser Gegend wächst. Sie pilgern zu Fuß die fünfhundert Kilometer aus ihrem Siedlungsgebiet herüber, das weit drüben Richtung Pazifik liegt, um diese Pflanze zu pflücken. Denn sie enthält das Mescalin,

Spuren von Leben: ein paar Pferde

einen Stoff, der Rauschzustände erzeugt, in denen – so glauben die Schamanen – Botschaften der Götter zu vernehmen sind. Um die mystischen Kräfte auf sich zu lenken, müssen sie den Peyote zuerst mit Pfeilen durchbohren. Dann tragen sie die Pflanze die fünfhundert Kilometer zurück in ihre hochgelegenen Dörfer – versehen mit neuer Stärke im Kampf gegen die Willkür der Natur.

Es ist gut, denke ich, wenn Menschen feste Wurzeln haben. Werden die Leute auf den Zügen je wieder welche bekommen?

Kreuzweg am Gleis

»Die Zeit kommt, dass ich die Menschen aller Völker und Sprachen versammle.«
Jesaja 66,18

»Gehen Sie mal lieber in Deckung!«, rät der Lokführer, als wir in Saltillo einlaufen. »Hier haben die Kinder einen Lieblingssport: Steine auf den Zug zu werfen. Sehen Sie den Sprung da links an der Fensterscheibe? Das war so ein Brocken. Um ein Haar hätte ihn der Zugführer an den Kopf bekommen.«

Ich ducke mich unter dem Fenster, einen Blick nach draußen will ich aber trotzdem behalten. Wir fahren durch ein hässliches Vorstadtviertel, die Häuser stehen so nahe an den Schienen, dass ich den Leuten in die Töpfe gucken kann. Der Zug transportiert Hunderte von neuen, in Mexiko montierten Autos für den nordamerikanischen Markt. Eine wahre Provokation für diese Hüttenbewohner, die sich nie so ein blitzendes Prestigeobjekt leisten können. Ein paar Sicherheitsleute sind sogar auf den Zug gestiegen und mitgefahren, um alles zu registrieren, was hier möglicherweise passiert.

Doch in Mexiko kommt es fast immer anders, als man denkt. Die Kinder lachen und winken, als der Zug gemächlich über ihr Spielgelände kriecht. Die

Erwachsenen blicken müde und apathisch auf die Riesenschlange aus Containern. Heute fliegt hier kein Stein, der Mann an der Lok atmet durch, nur noch ein paar Kilometer, dann werden wir am Bahnhof sein.

Lange schien es, als hätten wir keinen einzigen Illegalen an Bord gehabt. Jetzt aber sehe ich von der Rückseite der Lok aus, dass sich doch wieder etliche Köpfe zwischen den Waggons herausstrecken. Irgendwo in den kurvigen Abschnitten, wo sich der Zug mühsam bis zu einer 2280 Meter hohen Passhöhe hinaufschlängelte, müssen sie aufgesprungen sein. Nun machen sie sich bereit für den Absprung. Weiß der Himmel, was am Bahnhof auf sie wartet. Besser vorher runter, auch wenn es wehtun kann. Nicht weit von den Gleisen, das wissen sie, muss eine Casa del Migrante sein. Die Zufluchtshäuser stehen immer nahe an den Schienen.

»Nicht springen!«, ruft ein Sicherheitsmann von unten, der hier das Gelände bewachen soll. »Wartet noch ein wenig, hinter der nächsten Kurve wird der Zug noch langsamer!« Was soll das? Meint er es wirklich ernst, oder ist das eine Falle? Die Migranten zögern ein paar Sekunden, dann springt der Erste doch, ihm folgen zwei, drei, vier, fünf. Ich will sehen, was mit ihnen passiert, also springe ich auch. Die Wucht des Aufschlags reißt mich um, zum Glück aber kann ich so abrollen, dass sich der scharfkantige Schotter nicht in meinen Körper, sondern in mei-

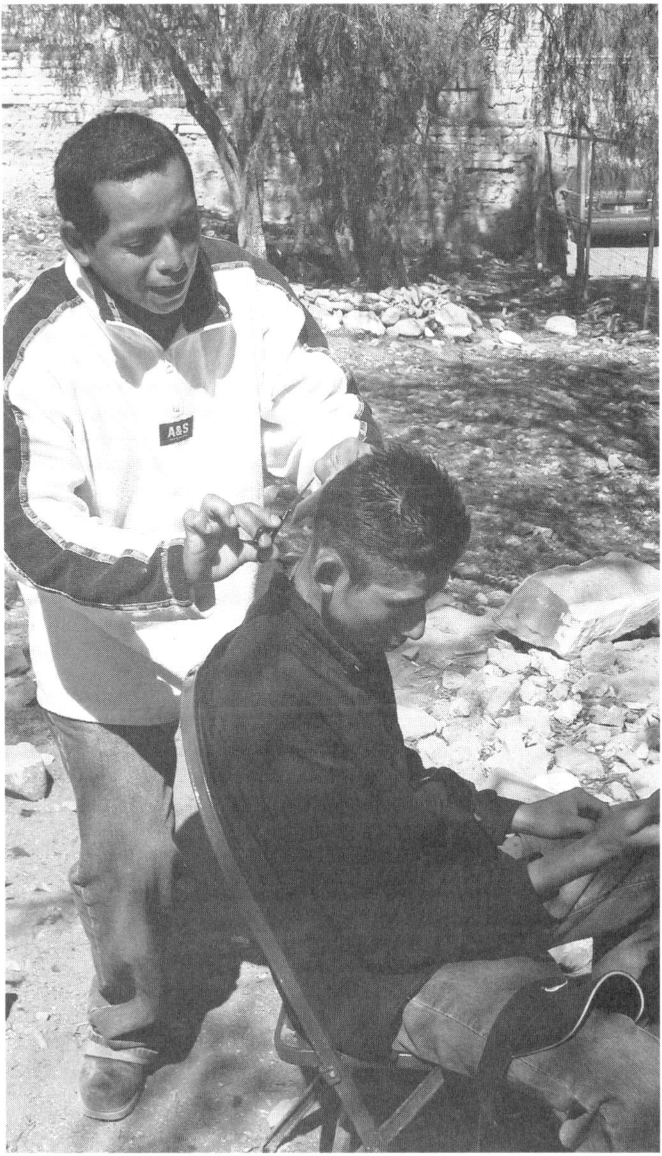

Ein Haarschnitt für Schicksalsgenossen – kostenlos

nen Rucksack bohrt. »Warum hört ihr nicht auf mich!«, schimpft der Wachmann. »Ich meine es doch gut mit euch. Ist jemand verletzt? Nein? Da habt ihr mal wieder Glück gehabt. Dort hinten, geht diese Straße hinauf, da ist das Haus, das ihr sucht.«

Die Migranten-Herberge von Saltillo steht unter Aufsicht der katholischen Diözese. Wie alle diese Häuser liegt sie geschützt hinter Mauern und Draht. Aber sie hat außer den Schlaf-, Ess- und Waschsälen auch einen geräumigen Innenhof. Hier können die Illegalen ihre verdreckten Kleider waschen und zum Trocknen aufhängen. Hier schneidet Juan Carlos Sandoval aus El Salvador seinen Reisegefährten die Haare, danach greift er zu einer Gitarre, die im Haus für jeden bereitliegt, und singt zur allgemeinen Gaudi ein paar deftige Songs aus seiner Heimat.

Lieder aus der Heimat: Migranten aus El Salvador

Guadalupe Lule und Martha Medina, zwei Ordensschwestern, halten das Gebäude in Schuss, drei Studenten helfen in der Kleiderkammer, wo Spenden aus der Bevölkerung eingehen. Ein Wandgemälde zeigt eine Schar festgenommener Migranten, die Hände hinter den Köpfen verschränkt, bewacht von einem Mann in der Uniform eines US-Polizisten – und mitten unter ihnen schreitet, in genau der gleichen Haltung, ein Mann mit schulterlangem Haar und weißem Gewand. Jesus ist einer von euch, das ist die Botschaft dieses Bildes. Sie drückt den Geist aus, der in diesem Haus herrscht: eine radikale Option für Menschen, die ihrem Elend entrinnen wollen.

Am Abend feiert der Priester Pedro Pantoja mit den Migranten im Speisesaal einen Gottesdienst. Die Schwestern bringen dafür die Gitarre und verteilen fotokopierte Liedtexte. Die Studenten verwandeln einen Tisch in einen schlichten Altar. Ehe sich der Geistliche das Messgewand über seine Jeanshose streift, geht er durch die Stuhlreihen und begrüßt jeden neuen Gast einzeln per Handschlag. »Wie lautet dein Name? Woher stammst du? Ist alles okay? Willkommen in diesem Haus!« Es ist eine ergreifende Szene. Die hohlwangigen, ausgemergelten Typen sind baff über diese Geste. Sie stehen aufrecht vor dem Gottesmann, der ihnen anerkennend auf die Schultern klopft, und scheinen ein Stück über sich hinauszuwachsen. In diesem Augenblick erhalten sie ihre Würde zurück. Sie wäre sonst, im wahrsten Sinne des Wortes, auf der Strecke geblieben.

Dies hier ist die Kirche der Armen. »Das ist wie vergiftete Luft, was da alles über euch verbreitet wird«, sagt Pantoja in seiner Predigt. »Ihr seid keine Diebe, ihr seid keine Verbrecher, ihr seid auch keine Illegalen. Euch fehlen allenfalls ein paar Dokumente. Aber das ist kein Grund, euch zu verfolgen.« Sie reichen sich die Hände zum Friedensgruß, erhalten die heilige Kommunion und dann den priesterlichen Segen. In dieser Stunde sind sie keine Einzelkämpfer, sondern eine echte Gemeinschaft. »Gott sei mit euch auf dem letzten, schweren Stück eures Weges«, ruft der Geistliche ihnen am Ende der Messe zu. »Eure Frauen und Kinder werden euch in Zukunft noch mehr lieben als zuvor. Sie werden euch bewundern!«

Ich sitze danach mit ihm allein im Hof. Er erzählt davon, wie viele Feinde er hat, weil er sich für diese Leute engagiert. Aber er hat den Bischof hinter sich. Die Bischöfe, sagt er, hätten begriffen, dass es in Amerika nicht nur eine Zone für freien Handel, sondern auch eine Zone für freies Arbeiten geben müsse. Wenn schon Globalisierung, dann bitte schön für alle. Wenn die Kapitalströme frei fließen dürften, dann müsse das auch für die Menschenströme gelten. »Im Übrigen ist menschliche Mobilität immer die Quelle der Zivilisationen gewesen. Ich weiß, solche sozialen Prozesse sind nie makel- und reibungslos. Aber wir würden nicht existieren, wenn wir die-

Anstellen am Abend …

… für Reis mit Huhn

ses Risiko nicht akzeptiert hätten.« Er selber sei mit neunzehn Jahren in den USA gewesen – »natürlich illegal«.

Im Juni 2005 treffen sich im texanischen Dallas zum ersten Mal Bischöfe aus den USA, Mexiko und den Staaten Mittelamerikas, um zum Thema Migration eine gemeinsame Plattform zu erarbeiten. »Wir brauchen einen interinstitutionellen Dialog«, fordert Pantoja, und einer müsse eben damit anfangen. Er weiß, dass in den USA die Dinge derzeit eher in die andere Richtung laufen. Seit dem 11. September 2001 sieht das Land in Fremden zuallererst ein Sicherheitsrisiko. Vor der Grenzstadt Tijuana soll eine 5,5 Kilometer lange Mauer gebaut werden, um die Flut der Immigranten nach Kalifornien zu stoppen. In Arizona machen selbsternannte Grenzschützer mit Hunden, Nachtsichtgeräten und ferngesteuerten Aufklärungsflugzeugen eigenmächtig Jagd auf illegale Einwanderer. »Es ist wahr, wir sind noch nicht an dem historischen Punkt«, sagt der Priester, »aber wir haben die Pflicht, dafür zu wirken.«

Dann erzählt er von seiner Vision eines großen Austausches der Kulturen. Die jungen Leute, die sich mit dem Zug nach Norden kämpften, seien eine Art Vorhut der Modernisierung ihrer Länder. »Sie bringen Werte mit nach Norden und transportieren von dort Werte nach Süden.« Wer es einmal bis in die USA geschafft habe, erhalte dadurch einen riesigen Schub für sein Selbstbewusstsein und Selbstwertgefühl. »Ich bin sicher, einiges davon kehrt zurück in die Heimat.« So könnten die armen Herkunftsländer eben nicht nur durch die Geldsendungen, sondern auch durch neue Ideen wachsen, und eines Tages würden die Amerikaner verstehen, dass reiche Nachbarn immer besser sind als arme. Für Pedro Pantoja ist Migration die Schule der Nationen.

In diesem Haus, dessen Leiter er ist, treffen glückliche und tragische Schicksale auf schockierende Weise zusammen. Ich finde tatsächlich meine vier Begleiter wieder, mit denen ich durch die Nacht gelaufen bin. »Es hätte nicht viel gefehlt, und du hättest Recht gehabt«, sagt Cristián, der Guatemalteke. »Wir sind drei Tage lang an der Bahn entlangmarschiert und dabei fast verdurstet. Am dritten Tag waren wir schon nicht mehr richtig klar im Kopf und taumelten nur noch vor uns hin. Da sahen wir plötzlich den Bahnhof Charcas, dort gaben die Leute uns Wasser, und dann hielt da zu unserem Glück auch noch ein Zug ...«

Sonia Cáceres aus El Salvador humpelt mit Krücken und einem dicken Verband am rechten Bein über den Hof. Sie hat einen vierjährigen Sohn und eine neunjährige Tochter, um die sich jetzt die Oma kümmert. »Bitte schick mir Geld aus den USA«, hat die Tochter beim Abschied gebettelt, »ich möchte etwas mit Computern studieren.« So hat die Mutter in Tapachula zunächst ein Jahr als Prostituierte gearbeitet, dann stieg sie auf den Zug, weil sie diesen Job

Jeder trägt sein Kreuz.

nicht länger aushielt. Von Lechería bis San Luis Potosí verkroch sie sich mit einem Dutzend Illegaler in einem Frachtwagen. Sie hatten einen Hammer und Nägel dabei, so nagelten sie ihn mit Hilfe von Holzbrettern drinnen zu, um vor den Sicherheitsleuten sicher zu sein; am Ende brachen sie die Nägel mit einem Schraubenzieher wieder heraus. Als sie mit dem Zug in Saltillo einlief, zerrten sie zwei Bahnhofswächter noch während der Fahrt herunter, ihr rechtes Bein geriet dabei unter die Räder, und ein paar Sekunden später war der Fuß ab. »Ich will trotzdem weiter in die USA«, sagt sie. Im Krankenhaus habe sie viel Zeit zum Nachdenken gehabt. »Da beschloss ich, mich nicht in die Hände der Migra, sondern in die Hände Gottes zu begeben. Sobald ich meine Prothese habe und damit laufen kann, will ich weiter. Señor, ich habe schon so viel geopfert. All das soll jetzt für die Katz sein? Nein!«

Es ist wieder Freitag, und jeden Freitag geht Pedro Pantoja mit seinen Schutzbefohlenen den Kreuzweg. Er tut es unten an der Bahnstrecke, denn sie ist der Kreuzweg der Migranten. So ziehen sie gemeinsam über die Schienen und tragen große Holzkreuze vor sich her. »Autowäscher, Prostituierte, Arbeitslose, alte Menschen als Bettler, junge Menschen als Migranten – sie alle sind ausgeschlossen von diesem neuen Wirtschaftsliberalismus«, predigt der Priester. Es sei der »Grausamkeit des merkantilen Kapitalismus« zu verdanken, wenn sie ihre Schule, ihre

Arbeit, ihre Gesundheit und ihre Hoffnungen verloren hätten.

Sie machen an vierzehn Stellen Halt, so viele Stationen hat der Kreuzweg, sinken jedes Mal auf die Knie, beten und singen.

> Jesus war am Ende der Kräfte,
> So stürzte er unter dem Kreuz
> Doch er blieb nicht am Boden liegen,
> Sondern stand wieder auf.
> Glücklich ist jeder im Leben,
> Der sich weigert, ein Sklave zu sein.

Die Texte, die Pantoja ihnen gegeben hat, stellen eine Verbindung her zwischen dem Leiden Jesu und ihrem Leiden auf der Reise nach Norden. Jesus ist unter dem Kreuz gefallen – ihr nicht auch? Jesus wurde von Schergen misshandelt, hat Erniedrigungen, Schläge und Durst erlitten – ihr nicht auch? Aber es gebe auch Leute, die das Kreuz tragen helfen, so wie damals in Jerusalem der Cyrenäus. »In den Armen«, ruft Pantoja ihnen zu, »hat Gott seine versteckte Präsenz.« Und er betet zusammen mit ihnen, »dass es nie wieder Gekreuzigte in unserer Geschichte geben möge«.

Nach dem Abendessen packen ein paar Dutzend Leute ihre Sachen und stapfen hinaus in die Nacht, zurück zu den Schienen, die für sie die Welt bedeuten. Einer aber sitzt allein auf einem Stuhl und starrt

Kreuzweg über die Schienen

nur stumm auf seine Füße. Für Cándido Méndez, einen Hilfsarbeiter aus Honduras, ist diese Nacht der Abschied von seinem Traum. Seinen Freund, erzählt er, hätten sie schon bald nach dem Grenzübertritt auf mexikanischem Gebiet geschnappt. »Ich habe kein Geld mehr, nicht mal mehr für eine Limo, und ich kenne keinen einzigen Menschen in den USA«, sagt der 31-Jährige. »Ich habe vierzehn Nächte unter freiem Himmel geschlafen, aber jetzt – ganz ehrlich, mir wird es unheimlich vor diesem großen Land.«

Das Schlüsselerlebnis, das ihn umdenken ließ, hatte er vor drei Tagen in San Luis Potosí. Er wollte auf den letzten Waggon eines schon fahrenden Zuges springen, doch der Zug war schon zu schnell, so riss es ihn nach hinten weg. Er schlug auf einer Schiene auf und verlor einen Zahn. Seine Backe schwoll zu einem dicken Klumpen an, und trotz allem musste er sich am Ende sagen, dass er noch Glück gehabt hatte. »Ich war dem Tod sehr nahe«, sagt er. »Und da habe ich mir gesagt: Es ist besser, mit wenig zu leben, als sein Leben aufs Spiel zu setzen.«

Es sind nur noch 377 Kilometer bis Nuevo Laredo. Aber Cándido Méndez wird sich morgen der Migra stellen, um sich in seine Heimat deportieren zu lassen.

Die Faust im Bauch

»Jeder Fehler erscheint unglaublich dumm,
wenn andere ihn begehen.«
Georg Christoph Lichtenberg
Deutscher Physiker und Schriftsteller

EIN PAAR MINUTEN LANG will Gilberto López ganz allein mit sich sein. Er hat sich etwas abseits von den anderen an eine Mauer gelehnt und vergräbt das Gesicht in den Händen. Ich kann sehen, dass sich seine Lippen bewegen, er spricht ganz leise ein Gebet. »Das tue ich immer, bevor ich aufbreche«, sagt der 19-jährige Honduraner, als er fertig ist. Dann wirft er sich seinen kleinen Rucksack über den Rücken. »Komm, lass uns jetzt gehen.«

Ich unternehme den zweiten Versuch, mit Illegalen auf einen Zug zu gelangen. Der Bahnhof Saltillo wimmelt genauso von Wachleuten wie zuvor der in San Luis Potosí. Bei ihm brauchen wir es also gleich gar nicht zu probieren. Wir müssen ihn vielmehr umgehen, um an einen Streckenabschnitt zu gelangen, der vielleicht eine Chance bietet. Die Casa del Migrante liegt ganz im Süden von Saltillo, und wir müssen möglichst weit nach Norden. An den Schienen entlangzulaufen ist unmöglich, wir würden am Bahnhof mit ziemlicher Sicherheit einer Polizeipatrouille in die Arme laufen. Der einzige

Stilles Gebet vor dem Aufbruch zum nächsten Zug

Weg, der uns bleibt, führt daher mitten durch die Stadt.

Es ist halb neun Uhr abends, wir sind insgesamt acht Leute. Wenn wir zusammen bleiben, erregen wir unterwegs unweigerlich Aufmerksamkeit. Illegale sind vogelfrei, wenn sie ihre Zufluchtshäuser verlassen. Also teilen wir uns in vier Zweiergruppen auf, jede soll zur anderen hundert Meter Abstand halten. So hoffen wir, unauffällig durch das Zentrum von Saltillo zu kommen.

Gustavo Murillo und ich sind die beiden Ersten, die losgehen. Wir versuchen, einen Weg zu finden, der einen Abstand von nicht mehr als fünfhundert Metern zur Bahnstrecke hält und möglichst parallel dazu verläuft. Das schachbrettartige Muster, nach dem der Großteil der Stadt angelegt ist, hilft uns

Fürbitten an die Jungfrau: Marienbild in der Kirche San Francisco in Saltillo

dabei. Wir versuchen, möglichst so locker zu schlendern wie die Fußgänger, die immer noch beim Einkaufen sind, zugleich aber die Augen überall zu haben. Eineinhalb Stunden, schätze ich, werden wir bestimmt brauchen, um an die Stelle zu gelangen, die wir uns wünschen.

Mit jedem Straßenkilometer, den wir hinter uns bringen, wächst die Lebensgeschichte, die mein 32-jähriger Begleiter aus Honduras erzählt. Gustavo Murillo war schon sechs Jahre illegal in den USA, als Arbeiter für eine Bausteinfabrik – am Anfang mit acht, am Ende mit vierzehn Dollar Stundenlohn. Dann aber zerbrach seine Ehe in bitterem Streit, und seine Frau rächte ihren Frust, indem sie ihn bei den Behörden denunzierte. Nach seiner Deportation stellte er fest, dass all das Geld, das er in den Jahren zuvor nach Hause geschickt hatte, verschwunden war. Sein Vater, meint er, habe es vermutlich für Alkohol und Frauen ausgegeben, den Rest habe die Familie seiner Ex-Frau durchgebracht. Geblieben ist ihm nur der gemeinsame, 15-jährige Sohn, der in diesem Jahr die Schule abschließt. »Ich will, dass er es zu etwas bringt«, sagt Murillo. »Anwalt zum Beispiel, das wäre was.«

»Muss es unbedingt Anwalt sein?«, frage ich.

»Naja, ist eigentlich mehr meine Idee. Er möchte am liebsten Automechaniker werden. Will später seine eigene Firma gründen. Nun, wenn sie gut läuft, ist es vielleicht ja auch okay. Aber bis dahin braucht er noch meine Hilfe. Er ist das Einzige, was mir geblieben ist.«

Wir plaudern, um ein wenig die Spannung zu lösen. Und doch wandern unsere Augen ständig nach rechts und links und manchmal auch zurück, um zu sehen, ob die anderen uns folgen. »Dies ist mein fünfter Versuch, wieder in die USA zu kommen«, sagt Murillo. Bei diesem fünften Versuch hat er schon fünf Razzien überstanden, ohne geschnappt zu werden: in Tierra Blanca, Apizaco, Lechería, Ahorcado und Vanegas. Er hat tagelang Schmutzwasser getrunken, um nicht zu verdursten. Jetzt ist er dem Ziel so nah wie nie zuvor. »Diesmal muss es klappen, diesmal wird es klappen.«

Eine Stunde sind wir schon gelaufen, da wird das Straßenbild etwas unübersichtlich. Wir streifen über das Gelände eines Supermarktes, landen in einer Sackgasse, müssen ein Stück zurück und eine neue Route suchen. Ich sehe, dass die uns folgenden Zweiergruppen dadurch schon ziemlich dicht aufgerückt sind.

»Warum warten die nicht«, sage ich verärgert, »die sehen doch, dass wir langsamer sind, weil wir erst den richtigen Weg suchen müssen.«

Wir laufen jetzt durch ein Wohngebiet, enge Straßen mit vielen Bäumen und Hecken. An einem kleinen, parkartigen Platz drehe ich mich wieder um. Ich sehe zu meinem Entsetzen, dass unsere vier Zweiergruppen schon so dicht hintereinander laufen, dass wir als richtige Gruppe erkennbar sind. Ich fange an zu gestikulieren – da ist es schon zu spät.

Zwei Polizeiautos kommen die Straße entlang. Die erste Patrouille fährt im Schritttempo links neben uns her, die zweite neben der letzten Zweiergruppe. So haben sie uns schon mal in die Zange genommen. Die Polizisten starren mich durch die Fensterscheibe an, Straßenlampen sorgen für ausreichend Helligkeit. Sie werden aber offenbar aus mir nicht recht klug. Für einen Migranten bin ich zu alt, sehe auch von der Kleidung her etwas anders aus, und mein Rucksack ist deutlich größer, als ihn die Illegalen üblicherweise tragen. Ich nicke mit dem Kopf zum Gruß, lächele den Männern in Uniform freundlich zu, gehe mit gleichmäßigen Schritten und im gleichen Tempo wie bisher weiter.

»Bloß nicht rennen«, raune ich Murillo zu, der rechts neben mir geht.

Sein Glück ist, dass er sich sozusagen in meinem Schatten befindet. Wegen mir sind sich die Polizisten bei uns beiden nicht so recht schlüssig. Während sie im Auto noch miteinander diskutieren, verliert hinter uns der Erste die Nerven und rennt los. Der Polizist auf dem Beifahrersitz springt aus seinem Wagen, schneidet ihm den Weg ab, reißt ihn mitten auf der Straße zu Boden, dumpf knallt sein Körper auf den Asphalt. Der Ordnungshüter will ihn kampfunfähig machen, holt mit der Rechten in einem weiten Bogen aus und rammt seinem Opfer die Faust mit voller Wucht in den Bauch. Ein wilder Schrei gellt durch die Nacht, in ihm sammeln sich der Schmerz, die Wut und die Trauer. So zerbricht in diesem Moment, nach mehr als zweitausend Kilometern mit dem Zug, der Lebenstraum eines jungen Mannes.

Mir zittern die Knie, und doch versuche ich, mit meinem Begleiter so gleichmäßig und gleichmütig wie möglich weiterzugehen. Wir haben nur eine Chance, wenn wir die Polizisten in dem Glauben lassen, dass wir mit dem Rest der Gruppe vielleicht doch nichts zu tun haben. Wir blicken uns bewusst nicht um und können daher nicht erkennen, wie viele es hinter uns noch erwischt hat. Mit Sicherheit aber ist außer uns ein weiteres Mitglied der Gruppe der Patrouille entkommen: Gilberto López, 19, der Partner des Festgenommenen. Als die Polizeipatrouil-

Wandgemälde: festgenommene Migranten – Jesus ist unter ihnen

len mit ihrer Beute davonrauschen, kommt er aus einer Seitenstraße auf uns zu. Er weiß den Namen seines Begleiters genauso wenig wie wir.

Wir tappen ein paar Minuten stumm durch die Nacht. Jeder von uns dreien muss den Schock auf seine Art verdauen. Es haben nur ein paar hundert Meter bis zur Bahnstrecke gefehlt. Wir pirschen uns über ein Stück unbebautes Land, das zu den Schienensträngen hin mit Stacheldraht abgesperrt ist. Diese Hürde, so beschließen wir, werden wir nehmen, dann sind es nur noch dreißig Meter bis zum Gleis. Wir legen uns unter dorniges Gestrüpp, nun zeigt auch die Natur wieder ihre Stacheln, einer davon sticht mich in den rechten Mittelfinger. Es ist halb elf Uhr, an der Straße schlagen Autotüren, rasseln Hoftore, rufen Menschen. Wir hoffen, dass uns niemand entdeckt, und sammeln neue Kräfte für den nächsten Akt.

Wir sind ein ganzes Stück vom Bahnhof entfernt. Das ist gut, weil hier offensichtlich keine Wächter mehr stehen. Das ist aber auch schlecht, weil der Zug hier mit Sicherheit schon ordentlich Fahrt aufgenommen hat. »Bitte nehmt keine Rücksicht auf mich«, sage ich. »Ich bin dreißig Jahre älter als ihr, mein Rucksack ist drei Mal schwerer als eurer – wenn ich nicht hochkomme, lasst ihr mich einfach stehen. Für mich ist die Zugfahrt zwar auch wichtig – aber nicht so wichtig wie für euch.« Sie nicken kurz und sagen »Okay«. Wahrscheinlich sind sie froh, dass sie das nicht selber sagen mussten.

Gut zwei Stunden haben wir gewartet, dann hören wir das Signal, das jeden Illegalen elektrisiert. Ein Zug fährt aus dem Bahnhof heraus Richtung Norden. Wir klettern über den Stacheldraht, drücken uns an eine Hausmauer, damit die Lokscheinwerfer uns nicht erwischen, dann rattert das dunkle Monster an uns heran. Ich sehe Trittstufen und Haltestangen an mir vorbeifliegen – so schnell, wie ich es mir nie vorgestellt habe. Ich will losrennen wie die zwei anderen, je näher man der Zuggeschwindigkeit kommt, umso weniger heftig wird der Ruck, wenn man wirklich ein solches Geländer zu fassen kriegt. Doch ich bin gewöhnt, auf meine innere Stimme zu hören. Und diese Stimme sagt: »Das schaffst du nicht!«

Das Tempo dieses Zuges, so schätze ich, muss schon bei dreißig bis fünfunddreißig Stundenkilometern liegen. Ein Weltklassesprinter, der die hundert Meter in zehn Sekunden läuft, erreicht Tempo sechsunddreißig. Er hat dafür jahrelang trainiert, trägt eine leichte Short und ein leichtes Trikot, und hat eine bestens präparierte Tartanbahn unter seinen leichten Schuhen. Ich hingegen bin mindestens doppelt so alt, kein trainierter Rennläufer, trage Wanderstiefel und Anorak und mindestens fünfzehn Kilo Gepäck auf dem Rücken. Meine Rennbahn ist eine Schotterstrecke, auf der man leicht stolpern und hinschlagen kann – und das alles noch in tiefschwarzer Nacht.

Ich renne halbherzig ein paar Meter, dann gebe ich auf. Wenn Murillo und López das wirklich schaffen, dann sei's drum, ich möchte hier keinen Selbstmord begehen. Der letzte Waggon huscht an mir vorbei, ich sehe noch die roten Schlusslichter, dann stehe ich allein in der Finsternis. Bin ich wirklich allein? Ist den beiden auch nichts passiert?

»Hallo, ist da jemand?«, zische ich, laut rufen kann ich beim besten Willen nicht. Ich lausche eine Weile, es kommt keinerlei Antwort.

Ich sehe, wie da hinten, Richtung Bahnhof, der Schein einer Taschenlampe über die Gleiskörper gleitet. Da geht ein Wachmann wohl noch einmal die

Strecke ab. Es hilft nichts, ich muss hier so schnell wie möglich verschwinden. Ich stapfe bis zur nächstgrößeren, noch halbwegs belebten Straße und springe in ein Taxi, dessen Fahrer mich verwundert ansieht. Es wird eine Nacht im Hotel statt auf dem Zug. Welch ein Privileg, denke ich mir. Wie mag die Nacht für diejenigen sein, die heute der Polizei in die Hände gefallen sind?

Ein Rechtsanwalt, der festgenommene Migranten ab und zu im Gefängnis von Saltillo besucht, hat mir die dortigen Verhältnisse beschrieben. In eine drei mal sechs Meter große Zelle werden nach seinen Worten bis zu fünfzig Illegale gesteckt. Sie bekommen nichts zu trinken, können sich nicht waschen und müssen ihre Notdurft voreinander verrichten – die Zelle starrt und stinkt vor Schmutz.

Warten in Wolken

»Es ist unglaublich, wie viel Kraft die Seele dem Körper zu leihen vermag.«
Wilhelm von Humboldt
Deutscher Gelehrter und Politiker

DIES IST MEIN DRITTER VERSUCH, und gleichzeitig der letzte, mit dem Zug nach Nuevo Laredo zu kommen, das habe ich mir geschworen. Die Ordensschwestern in der Casa del Migrante haben von Ramos Arizpe erzählt, einer Industriestadt etwa fünfzehn Kilometer weiter im Norden, die mit Saltillo schon so gut wie zusammengewachsen ist. Viele Migranten versuchten es dort, sagten sie, weil da weniger Sicherheitsleute seien. Hinter dem Bahnhof sei eine kleine Senke, wo man sich gut zwischen Häusern verstecken könne. Aber wie schnell die Züge dort führen, das wüssten sie auch nicht.

Ich kehre zu der Zufluchtsstätte zurück, um ein neues Zweckbündnis zu schließen. Meine Partner sind José Candelario Castillo, 30, und dessen Schwager José Cándido Santos, 28, beide aus El Salvador, dazu Carlos Alberto Rivera, ganze 16 Jahre alt, aus Guatemala. Wir wissen nicht viel voneinander, denn wir haben uns hier erst kennen gelernt. Meist entscheiden Instinkt und Intuition darüber, wer sich mit wem zusammentut.

»Ihr könnt eigentlich auch den Bus nehmen«, sagen die Schwestern. »Das ist billiger und trotzdem nicht gefährlich. Die Busse zwischen Saltillo und Ramos Arizpe haben sie noch nie kontrolliert.« Meine drei Begleiter aber wollen doch lieber ein Taxi. Achtzig Pesos, knapp sechs Euro, kostet uns zusammen die Fahrt. Daran, so sagen die Migranten, solle es nun auch nicht mehr scheitern.

Nach dem Abendessen fahren wir wieder durch die Nacht. »In Ramos Arizpe Richtung Bahnhof, aber nicht bis ganz hin«, sagen wir. Der Fahrer fragt, was wir denn dort wollten, Passagierzüge gebe es doch schon lange nicht mehr. Wir wissen nicht, ob er wirklich erstaunt ist oder nur so tut, und brummeln etwas von »Freunde besuchen«. Das war's dann auch mit der Konversation, er merkt, dass wir zu mehr keine Lust verspüren. Rund dreihundert Meter vor dem Bahnhof drücken wir ihm das Geld in die Hand. Dann sind wir wieder auf uns allein gestellt.

Heute, so haben wir beschlossen, gehen wir nicht in Zweiergruppen, sondern einzeln hintereinander, im Abstand von hundert Metern. Ich merke schon nach den ersten Metern, dass ich diesmal mit cleveren Leuten unterwegs bin. Sie huschen flink von Ecke zu Ecke durch die fast menschenleeren Straßen, nutzen unauffällig jede Deckung, warten stets, bis der Vordermann fast außer Sicht ist, ehe sie dessen Weg einschlagen. So kommen wir, ein paar hundert Meter hinter dem Bahnhof, problemlos an die Schienen.

Drei Gleise laufen hier noch parallel nebeneinander. Das linke, in Nordrichtung gesehen, scheidet für uns aus. Wie die Schwestern uns sagten, zweigt es kurz hinter einer Rechtskurve, die wir erkennen können, nach links ab und führt hinauf nach Piedras Negras, dort beginnt auf der anderen Seite der Grenze die texanische Wüste. Das rechte Gleis wäre eine Option, es führt nach Monterrey, in Mexikos moderne Wirtschaftsmetropole, die schon ganz nach US-amerikanischem Stil zurechtgeschnitten ist – von dort gibt es täglich mehrere Züge zur Grenze bei Nuevo Laredo. Das mittlere Gleis wäre das beste für uns – diese Züge fahren zum Teil nach Monterrey, oft aber auch direkt nach Nuevo Laredo.

Wir laufen auf die Senke zu, von der die Schwestern gesprochen haben. Rechts, ein Stück weiter vorn, liegt ein Sportplatz, da ist noch ein munteres Kicken im Gang. Das Flutlicht ist stärker, als uns lieb ist. Es strahlt bis zu uns auf die Gleise. Viel Licht ist wirklich das Letzte, was wir brauchen. So hoffen wir, dass die Fußballer bald Schluss machen und dann die Scheinwerfer ausgehen werden.

Da wir das Licht scheuen, weichen wir von der Bahnstrecke etwas weiter nach links aus. In hundert Metern Abstand steht ein seltsamer Rohbau. Er hat Kuppelbögen und Arkaden, die um einen Innenhof führen, und mutet an wie ein Palast für einen arabischen Scheich. Wer ist bloß der verrückte Millionär, der sich hier eine Prachtvilla an drei Güterzugstrecken baut? Wie auch immer, wir sind dankbar für dieses generöse Versteck. Zu unserem Leidwesen scheuchen wir ein Liebespaar auf, das sich aus ganz anderen Gründen in diese hehren Gemäuer zurückgezogen hat. Es ist halb elf Uhr, das Warten beginnt.

Um elf Uhr erlischt am Sportplatz das Flutlicht. Dafür ziehen sich plötzlich über der Bahnlinie tief liegende Wolkenschwaden zusammen. Schlechte Sicht ist eigentlich gut für uns. Aber so, wie das hier aussieht, kündet es Regenfälle an. Nach den Erfahrungen, die wir mit Nässe und Kälte gemacht haben, ist uns das auch wieder nicht recht. Aber da wir nun schon einmal hier sind, müssen wir durch.

Um Mitternacht kommt der erste Zug. Er hat nichts als Container geladen, die Migranten lassen

Eine Nacht am Gleis …

ihn ungerührt ziehen. Wir verlagern, geschützt durch die Wolkenschleier, unser Plätzchen aus dem Neubau heraus und näher an die Gleise heran. Es ist völlig still um uns geworden, ein einsamer Fuchs streunt über die Gleise. Wir rollen uns wie gehabt in Buschwerk zusammen, um vielleicht ein wenig zu schlafen.

Um ein Uhr reißt uns das berühmte Signal wieder hoch. Der Zug, der jetzt naht, führt Schüttgutwagen, die bieten für unsereins die besten Plätze. Er fährt auf dem mittleren Gleis, noch eine gute Nachricht. Aber ich schätze die Geschwindigkeit erneut auf mehr als dreißig Stundenkilometer. Wie soll ich das mit meinem Gepäck schaffen? Das mittlere Gleis, so bemerke ich jetzt, hat den großen Nachteil, dass die Spur

... heißt Warten auf den Zug

zum Rennen noch schmaler ist. Und entsprechend größer das Risiko, bei einem Sturz mit dem Kopf auf die Nachbarschiene zu schlagen.

Die drei Migranten, die fast nichts auf dem Rücken tragen, nehmen es mit dem Zug auf. Jetzt kommen sie mir wirklich vor wie Katzen. Sie springen die Waggons an, als seien sie Tiger, krallen sich an den Eisenstäben fest, die sie zu fassen kriegen, liegen für Sekunden fast waagrecht in der Luft, lang gestreckt durch die Gesetze der Schwer- und Fliehkraft. Ich sehe gerade noch, wie sie sich mit Aufbietung all ihrer Muskeln nach oben ziehen, dann entschwinden sie meinen Blicken. In meinen Gliedern zuckt es, aber da ist wieder diese innere Stimme … Der Zug ist weg, meine drei Freunde auch, nur ich stehe niedergeschlagen an den Gleisen.

Ich tappe durch leer gefegte Straßen, nun selber eine verdächtige Gestalt. Nach einer halben Stunde finde ich an einer Kreuzung tatsächlich noch ein Taxi. Der Fahrer blickt an mir herunter, sagt aber nichts, und ich sage nur: »Bitte ins nächste Hotel!«

Der Mann an der Hotelrezeption fragt, wo ich mein Auto geparkt hätte. »Ich bin zu Fuß unterwegs«, erwidere ich. Er zieht die Augenbrauen hoch, sagt aber ebenfalls kein Wort. Es steigen wahrhaftig genug komische Vögel bei ihm ab, was soll er sich den Kopf darüber zerbrechen. Hauptsache, der Gast zahlt. Und zwar gleich, bevor er den Schlüssel bekommt.

Mit dem Rücken zur Wand

»Gott hat sich vielmehr die Einfältigen und Machtlosen ausgesucht, um die Klugen und Mächtigen zu demütigen.«
1 Korinther 1,27

ICH HABE DIESE REISE auf dem Zug begonnen, ich will sie auch auf dem Zug beenden. Das Aufspringen, wenn er schon Fahrt aufgenommen hat, muss ich mir zwar abschminken, aber als letzte Option bleibt mir immer noch das Aufspringen, wenn er steht. Ich weiß, wie viel Zeit und Nerven das kostet, und wie viel Glück man dafür haben muss. Aber ich bin fest entschlossen, diese Chance zu suchen – und zwar ganz allein.

Ich studiere sorgfältig die Karte. Die eingleisige Bahnstrecke nach Nuevo Laredo verläuft nicht entlang der Autobahn, sondern entlang einer Nebenstraße – erst zur Rechten, dann zur Linken, immer fast parallel zum Asphaltband. Es sind nicht viele Orte eingezeichnet, denn die ganze Gegend ist eine einzige Steppe. Doch die paar Siedlungen, die es gibt, haben mit Sicherheit Bahnhöfe. Jeder Bahnhof hat ein Ausweichgleis für entgegenkommende Züge. Und vermutlich gibt es, das weiß ich aus meiner bisherigen Erfahrung, auch Ausweichgleise auf offener Strecke. Diese Stellen sind meine Chance.

Ich steige frühmorgens in einen Bus, der mich nach Monterrey bringt. Von dort suche ich einen Anschluss nach Villaldama. Diesen Ort habe ich mir auf der Karte als Stützpunkt ausgesucht. Ich setze mich ans Fenster, um die Bahnstrecke so gut wie möglich im Auge zu behalten. Leider verlaufen die Schienen aber meist so weit weg von der Straße, dass ich nicht erkennen kann, wo die Strecke zweigleisig wird. Ich muss also bis Villaldama warten und von dort aus zu Fuß das Gelände erkunden.

Der Ort liegt zwei Kilometer abseits der Straße. Die Bushaltestelle ist von einer Tankstelle, ein paar schäbigen Kneipen und einem »Hotel« flankiert, was auch immer sich hinter dieser Aufschrift verbergen mag. Ein Taxifahrer mit einem ziemlich zerzausten Gefährt lungert hier herum. Als ich auftauche, wittert er gleich ein Geschäft, doch ich muss ihn enttäuschen.

»Ich will lieber mit dem Zug fahren«, sage ich.

Er schaut mich ziemlich belustigt an. »Señor, Sie sind doch nicht etwa ein *indocumentado*?«

»Nein, ich komme aus Deutschland, ganz legal mit Pass«, sage ich. »Aber ich will so reisen wie die *indocumentados*.«

Er schüttelt den Kopf über den seltsamen Typen. Aber er rückt heraus mit den Informationen, die ich brauche. »Ja, in der Tat, hier halten manchmal die Güterzüge. Gehen Sie mal hinüber und schauen Sie sich die Gleise an. Aber passen Sie auf, am Bahnhof stehen die Sicherheitsleute.«

In einem so genannten Restaurant schlinge ich Rührei mit Bohnen hinunter, serviert von einer mürrischen Frau, kaufe mir eine Literflasche Wasser, zwei Bananen habe ich noch als Proviant, das muss reichen. Ich suche einen Weg zu den Schienen, der nicht ins Blickfeld der Wächter führt. Hinter einem *rancho* entdecke ich einen Pfad, der sich zuerst durch ein Maisfeld, dann durch einen kleinen Sumpf, dann durch ein Gewirr von Büschen windet. Schließlich stehe ich auf einem Feldweg, der die Bahnlinie begleitet. Zwischen ihm und der etwas höher gelegenen Trasse zieht sich eine Reihe von Bäumen und Sträuchern, ein guter Sichtschutz für das, was ich vorhabe. Der Bahnhof liegt etwa fünfhundert Meter rechts von mir. Ich steige vorsichtig die Böschung hinauf und inspiziere die Gleise – es sind deren zwei.

Zwei Uhr nachmittags, sagt ein Blick auf die Uhr. Der Zug, dem ich auflauern will, wird von Süden, also von links kommen. Ich kann ihm noch ein ganzes Stück entgegengehen, Ausweichgleise sind ja mindestens zwei Kilometer lang. So bin ich beim Aufspringen möglichst weit vom Bahnhof wie auch von der Lok entfernt.

Ich laufe ein paar hundert Meter weiter nach links und suche den besten Platz zum Warten. In einer kleinen Senke finde ich die geeignete Stelle. Wenn ich mich hier ins Gebüsch lege, bin ich den Blicken sowohl des Lokführers wie auch der Autofahrer entzogen, die drüben die Straße entlangkommen.

Nur eine Sicherheitspatrouille, die diesen Weg nimmt, würde mich sehen – aber dieses Risiko ist gering, denn es ist nirgendwo verboten, im Gelände zu liegen. Ansonsten kommt hier offenbar kein Mensch durch. Ich sehe allerdings, dass ich nicht der Erste bin, der hier sein Lager baut. Kleiderfetzen und Plastiktüten liegen auf dem Boden – Spuren von Illegalen.

Das Liegen auf dem harten, steinigen Untergrund ist nicht unbedingt entspannend. Mit jeder Stunde, die verrinnt, schmerzen die Knochen mehr. Die Züge, die mich passieren, jagen mit siebzig oder achtzig Stundenkilometern an mir vorbei, von Anhalten keine Spur. Ich wechsle auf die linke Körperseite, dann auf die rechte, dann wieder Rücken-

Spuren von Migranten: Kleidungsreste am Bahndamm

lage, aber welche Position ich auch einnehme, es tut im Grunde alles weh. Eine riesige Zahl schwarzer Raben beginnt über mir zu kreisen, ein Gruselbild wie in Hitchcocks »Die Vögel«. Was haben die nur, warten die etwa auf mein Ende …? Als es dämmert, traue ich meinen Augen nicht: Ein Kojote spaziert meinen Feldweg entlang. An dieses Problem habe ich gar nicht mehr gedacht …

Irgendwie wird es hier nichts mit Schlafen. Der spazierende Kojote, die schmerzenden Knochen, die sinkende Temperatur, die Züge, die weiterhin in voller Fahrt über mir dröhnen – all das macht es nicht unbedingt gemütlich. Stunde um Stunde verrinnt die Nacht mit Dahindösen und dem x-ten Durchspielen aller möglichen Szenarios, die mich auf dem Zug erwarten könnten.

Es ist morgens um vier Uhr, als ich auf einmal ein ganz neues Geräusch höre. Es ist zwar das vertraute Rauschen eines Zuges, aber es ist leiser und um einige Klangstufen tiefer. Dieser Zug, der da aus Süden kommt, hat eine niedrigere Geschwindigkeit. Im Nu bin ich hellwach, schultere meinen Rucksack, gehe auf den Knien in Stellung. Langsam kommt der Lichtkegel der Lok auf mich zu, und als sie an mir vorbei ist, stürme ich die Böschung hoch. Der Zug ist auf das Ausweichgleis gefahren, um den Gegenzug abzuwarten. Noch eine halbe Minute, dann steht er still.

Ich renne an den Waggons entlang, um den bestgeeigneten zu finden. Aber egal, wohin ich blicke, ich sehe nur Container, nichts als Container. Als illegaler Migrant würde ich mit großer Wahrscheinlichkeit dieser Versuchung widerstehen. Als legaler Fremdling jedoch macht es mir nun doch nicht so viel aus. Gut, ich werde keine Chance haben, mich auf diesem Zug zu verstecken. Dann sollen sie mich halt herunterholen. Mein neuestes Material kriegen sie auf jeden Fall nicht; ich habe es von Saltillo aus per Kurier in die Hauptstadt geschickt.

Ich ziehe und stemme mich auf die Plattform eines Waggons. Der Container, der auf ihm ruht, lässt mir einen knappen Meter Platz zum Sitzen. Ich nehme den Rucksack als Kissen und suche hinter mir nach Haltegriffen. Da ich die Containerwand im Rücken habe, nützen mir Seil und Karabiner nichts. Es muss irgendwie anders gehen. Die Wand ist zum Glück nicht glatt, sondern Z-förmig gewellt. Ich kriege einen quer verlaufenden Verschlusshebel zu fassen und kann beide Hände hinter ihm gerade in die leichten Vertiefungen schieben. An diesem Hebel hängt nun alles. Nach fünf Minuten rattert der Gegenzug vorbei. Dann geht ein Ruck durch meinen Waggon, ein zweiter, ein dritter – und dann ein erlösendes Gefühl: Wir fahren.

Es sind noch 175 Kilometer bis Nuevo Laredo. Ich sitze frei und ungeschützt, wie auf einem Präsentierteller. Als der Zug das Bahnhofsgebäude passiert, gerate ich für ein, zwei Sekunden in das grelle Licht eines Scheinwerfers, der auf die Bahnstrecke gerichtet ist. Wenn sie mich hier schon gesichtet haben, denke ich, wird meine Fahrt schnell zu Ende sein.

Der Zug legt an Tempo zu. Er steigert die Geschwindigkeit, so schätze ich, mindestens auf achtzig, vermutlich sogar hundert Stundenkilometer. Wer als Passagier im weich gepolsterten Sessel fährt, hat keine Ahnung, welche Erschütterungen die Räder auf den Schienen bei einem solchen Tempo erzeugen können. Das sind keine Vibrationen, das sind Schläge. Ein Glück nur, dass wenigstens mein Rucksack sie dämpft. Mit all meiner Kraft versuche ich die Finger um meinen Hebel zu schließen. Sie passen wie nach Maß in den kleinen Hohlraum dahinter. Wenn hier etwas nur ein paar Millimeter verrutscht, schießt es mir durch den Kopf, dann werden mir vielleicht die Hände zerquetscht. Aber es hilft nichts, es gilt nur eines: festhalten, bloß nicht loslassen!

Etwa zwanzig Minuten bin ich so durch die Nacht gerast. Da bremst der Zug plötzlich schon wieder, bleibt auf offener Strecke stehen. Was soll das denn, hier ist doch nicht mal ein Ausweichgleis. Ich ahne Schlimmes, und so ist es auch. Ich sehe Scheinwerferlicht auf dem Feldweg neben der Schiene, es kommt ziemlich schnell näher – ein Pick-up als Patrouillenwagen. Auf der Ladefläche sitzt jemand mit einer riesigen Lampe in den Händen. Ich habe keine Chance, mich zu verstecken, der Lichtkegel erwischt mich voll. Das Auto fährt erst noch ein Stück weiter, ich will schon erleichtert aufatmen, dann aber ist dort das Kommando von hinten beim Chauffeur angekommen. Der Wagen stoppt, setzt zurück, nun bin ich voll im Rampenlicht.

Für die Sicherheitsleute muss ich ein äußerst ungewöhnlicher Anblick sein. Jeder Illegale wäre längst zur anderen Seite hin abgesprungen und hätte im Dunkeln das Weite gesucht. Ich aber bin einfach sitzen geblieben und rühre mich auch jetzt nicht von der Stelle.

»Ihr Name?«, ruft eine Stimme mir zu. Wem Sie gehört, kann ich nicht erkennen, da ich voll geblendet bin.

»Hans-Joachim Löwer«, sage ich, bewusst schnell und wohlwissend, dass diese Leute so einen Namen bestimmt noch nie gehört haben.

»Wie bitte?«, kommt es zurück. Ich wiederhole, diesmal noch ein wenig schneller. Ich spüre, wie drüben auf dem Auto die Verwirrung wächst.

»Kommen Sie mal zu uns herunter!«, ruft die Stimme.

Ich schnappe mein Gepäck und steige vom Zug. Das war's also schon, denke ich enttäuscht. Ich stehe vor einem älteren und einem jüngeren Mann, offensichtlich Vater und Sohn. Ich lächele freundlich und erzähle wahrheitsgemäß, woher ich komme und was ich hier will. So einen Fall haben sie wohl noch nie gehabt. Sie halten mir ein Schreibbrett entgegen, auf das sie ein Blatt Papier gespannt haben, und blicken einander ziemlich hilflos an. Was sollen sie mit einem

Deutschen anstellen, nachts um halb fünf Uhr, mitten in der Steppe? Aber sie wären keine Mexikaner, wenn sie aus dieser Situation nicht einen Ausweg fänden.

»Schreiben Sie hier Ihren Namen drauf!«, sagen sie zu mir.

Sie wollen nicht einmal meinen Pass sehen. Stattdessen erzählen sie mir, durch das Hinschreiben meines Namens hätte ich bestätigt, dass ich bei einem Unfall keinerlei Ansprüche geltend machen könne. Immer wieder hätten sie Fälle, dass Familienangehörige mit Schadensersatzforderungen kämen, wenn Illegale auf dem Zug verunglückt seien. Ich halte das alles für Unsinn, aber ich spiele das Spiel mit.

»Nehmen Sie mich jetzt mit?«, frage ich.

»Nein«, sagt der Ältere, »wenn Sie wollen, können Sie mit dem Zug weiterfahren.«

Ich glaube nicht richtig gehört zu haben, lasse es mir aber nicht zwei Mal sagen.

»Sind Sie vielleicht so freundlich, mir ein wenig zu leuchten?«, frage ich. »Sie haben ja richtig gute Scheinwerfer.«

»Aber gern«, sagen sie, es schwingt darin viel Erleichterung mit.

Wir geben uns die Hände, ich klettere hoch zu meinem Container, richte den Rucksack wieder als Sitzpolster her, winke den beiden zum Abschied zu. Und habe einen neuen Beleg für die These, dass in Mexiko immer alles anders kommt, als man denkt.

Der Zug fährt weiter, ich hänge wieder an meiner Eisenstange. An jedem Bahnhof und fast an jedem Bahnübergang gerate ich ins Scheinwerferlicht. Aber nun haben alle Wachleute natürlich schon die Information, dass da ein Deutscher auf dem Zug sitzt, und offenbar will keiner ihn am Hals haben. Das Unternehmen TFM tut wirklich alles, um seine Routen sauber zu halten. Aber wie das in der Praxis aussieht, steht, wie erlebt, auf einem anderen Papier.

Der Zug stockt noch öfter, sei es wegen eines Haltesignals, sei es wegen Gegenverkehr. So werden es doch viereinhalb Stunden, bis wir in Nuevo Laredo einlaufen. Zum Bahnhof sind es noch ein paar Kilometer, wir zuckeln im Stop-and-Go-Rhythmus zuerst durch Rangiergelände. Als ich ein paar Hütten sehe, springe ich ab. Ich gehe einen Schlammweg entlang und stoße auf die erste Asphaltstraße. In der Ferne sehe ich große Reklameschilder, das muss eine Hauptverkehrsstraße sein. Also lenke ich meine Schritte dorthin. Der Zug entschwindet hinter mir. Ich bin am Ziel der Zugfahrerträume.

Der einsame Hirte

»Nur die Weisen sind im Besitz von Ideen.
Die meisten Menschen sind von Ideen besessen.«
Samuel Coleridge
Englischer Dichter und Philosoph

NUEVO LAREDO IST EINE STADT OHNE GESICHT. Ein riesiges Schachbrettmuster, das sich immerzu ausbreitet, aber kein Zentrum hat. Keine Kirche ist hier zu bestaunen, kein historisches Gebäude, kein schöner Park, nichts. Es gibt nicht einmal einen *zocalo*, den typischen Hauptplatz einer mexikanischen Stadt, auf den normalerweise alles zufließt. Hier rollen US-amerikanische Schlitten, viele nicht mehr in den besten Jahren, scheinbar ziellos über langweilige Straßen. Nuevo Laredo hat nur eine einzige Attraktion und sie liegt dort, wo die Stadt schon zu Ende ist: Die Grenze allein ist der Grund und die Antriebskraft ihrer Entwicklung. So gut wie alle der 320 000 Einwohner leben irgendwie von der Grenze – die einen legal, die anderen illegal.

Die Grenze bildet ein unscheinbarer Fluss, der sich als große Kurve um die Stadt herum zieht. Er ist insgesamt 3034 Kilometer lang, und auf zweitausend Kilometer Länge trennt er zwei Staaten, die eine schwierige Beziehung haben und dennoch nie voneinander loskommen können. Die Amerikaner nennen das Wasserband Rio Grande, die Mexikaner Río Bravo – die zwei Staaten berühren sich genau in dessen Mitte. Der Fluss ist die politische Schweißnaht, die das Englisch sprechende Amerika im Norden und das Spanisch und Portugiesisch sprechende Amerika im Süden zusammenhält. Und er ist zugleich eine Barriere, die den Kontinent in eine Welt der Reichen und eine Welt der Armen scheidet.

Die Grenze ist das Ergebnis eines Krieges, der dem Sieger ein Gefühl nie gekannter Stärke verlieh und beim Verlierer tiefe Wunden hinterließ. Der Krieg begann 1846 als Folge einer Annexion, mit der die Vereinigten Staaten sich ganz Texas einverleibt hatten. Er endete 1848 mit einer demütigenden Niederlage des jungen Staates Mexiko, der nur ein Vierteljahrhundert nach seiner Unabhängigkeit außer Texas nun auch noch New Mexico und Kalifornien und damit fast die Hälfte seines Territoriums an die neue, expansionistische Macht des Nordens verlor. Seither ist der Rio Grande/Río Bravo eine aufgezwungene Staatsgrenze. Den Verlust des Ortes San Agustín de Laredo, der am Nordufer des Flusses lag, kompensierten die Mexikaner, indem sie am Südufer das »Neue Laredo« gründeten.

Die Flut der Migranten, die gegen die insgesamt dreitausend Kilometer lange Grenze zwischen Mexiko und den Vereinigten Staaten anbrandet, teilt sich grob gesagt in drei große Ströme. Die einen versuchen, über Tijuana hinüber nach Kalifornien zu kommen. Die anderen riskieren den mörderischen Marsch durch die Wüste von Arizona, wo jedes Jahr ein paar hundert von ihnen verdursten und Tausende von fremdenfeindlichen Ranchern gefangen genommen werden, die dort inzwischen ihre eigenen Grenzpatrouillen organisieren. Der dritte Stoßkeil der Armutsflüchtlinge trifft in Nuevo Laredo ein. Von hier aus wollen sie nach Dallas oder Houston in Texas oder noch weiter in den Süden und Osten der USA: nach Florida, Virginia, New York.

Der Rio Grande war früher ein wilder, unberechenbarer Fluss. Mal war er durch die Gluthitze des Sommers fast völlig ausgetrocknet, mal schwoll er durch heftige Regenfälle zu reißendem Hochwasser an. Durch eine Reihe von Schleusen ist er heute zwar gebändigt, aber für Menschen, die ihn durchqueren wollen, birgt er noch immer seine Gefahren. Sein Wasser gilt als hochgradig verschmutzt. Wenn es lange geregnet hat, entwickelt er noch immer eine starke Strömung. Durch Aushöhlungen an seinem Grund, deren Lage nur wenige kennen, entstehen tückische Strudel, die schon viele unerfahrene Schwimmer in die Tiefe gezogen haben.

Um ans Ufer des Rio Grande zu gelangen, muss ich von dem Landsockel, auf den Nuevo Laredo gebettet ist, in das Tal hinabsteigen, das der Fluss sich in Millionen Jahren gegraben hat. Eine Umgehungsstraße windet sich dort entlang. Zwischen ihr und dem Fluss liegt ein etwa zweihundert Meter breiter

Streifen unbebauten Landes. Ein Großteil dieser Flächen, die früher regelmäßig überschwemmt wurden, liegt völlig brach. Ich sehe aber auch ein Grundstück, das als Weideland genutzt wird. Es ist von Drahtzaun umgeben, den Zugang bilden ein schiefes Tor für Autos und ein schiefes Gatter für Fußgänger. Ein Mann mit Sombrero und einer Rute hütet nahe dem Fluss ein paar Ziegen und Schafe. Ich fuchtele mit den Armen und rufe ihm zu, ob ich denn mal auf das Grundstück dürfe. Er winkt mir einladend zurück. So habe ich eine Begegnung, die ich überall in Mexiko, nur nicht hier erwartet hätte.

Juan Trejo hütet nicht nur Tiere, sondern eine Familientradition. Sein Großvater ist vor fünfzig Jahren aus dem Bundesstaat Guanajuato hierher gekommen. Sein Vater hat dieses Stück Land in der zweiten Generation beweidet. »Mach deine Arbeit, kümmere dich sonst um nichts, und halte dich fern von allem, was verboten ist«, hat ihm der Vater immer eingeschärft. Nach diesem Motto weidet der Sohn, heute selber Vater von vier Kindern, nun in der dritten Generation.

»Señor, ich weiß sehr wohl, wo mein Grundstück liegt«, sagt der 52-Jährige. »Immer wieder kommen sie zu mir gerannt und fragen: ›Wo ist die beste Passage?‹ Wissen Sie, was ich denen antworte: ›Die beste Passage ist die Grenzstation – dort oben auf der Brücke.‹« Er kann nicht verhindern, dass trotzdem irgendwelche Leute nachts hier durchschleichen und

Ein Leben mit Ziegen und Schafen: der Hirte Juan Tejo

am Ufer ihre Spuren hinterlassen. Aber ein Handel, so sagt er, sei mit ihm nicht zu machen.

Jede Nacht werden hier Migranten geschleust, jede Nacht werden sie gejagt. Juan Trejo aber hat seine kleine Oase, auf der ihn nur die Milch und der Käse interessieren, die Produkte, die seine hundert Schafe und dreißig Ziegen ihm bescheren. Er kommt morgens um sechs und geht abends um sechs, genießt die frische Luft und das Rupfen seiner Tiere und lässt die Gedanken schweifen. »Meine Uhr ist die Sonne«, sagt er. »Ich bin nie im Leben zur Schule gegangen, ich kann nur wenig schreiben und lesen. Alles, was ich gelernt habe, habe ich durch das Leben gelernt.« Er reißt ein paar Büschel Gras aus dem Boden. »Das, Señor, das ist mein Leben.«

Ich gehe den kleinen Pfad hinunter bis zum Ufer. Ein Stück flussabwärts sitzt ein Angler und hält seine Schnur ins Wasser. Drüben ist dichtes Buschwerk. Die Böschung steigt im Gegensatz zu hier steil auf, oben stehen die ersten Häuser der US-amerikanischen Stadt Laredo. Ganze hundert Meter Flussbreite trennen hier die beiden Staaten. Es sieht aus wie die friedlichste Grenze der Welt. Ab und zu stößt Juan Trejo ein paar harsche Kommandos aus. Aber sie gelten einzig und allein seiner Herde.

Das Gelobte Land

»Mit Glauben allein kann man sehr wenig tun, aber ohne ihn gar nichts.«
Samuel Butler
Englischer Schriftsteller

Die Casa del Migrante von Nuevo Laredo ist kein Haus der offenen Tür. Einlass erst ab siebzehn Uhr, steht auf einem Schild geschrieben. Wer klingelt, dem wird bedeutet, dass man sich erst beim Pfarrer melden solle, drüben im Kirchenbüro. Ein Nachbar beginnt mir gegenüber über die Leute zu schimpfen, die in diesem Haus Unterschlupf finden. Ganoven, Faulenzer, Drogendealer, er schüttet ein reiches Vokabular von Verwünschungen über mir aus. Ich stehe an einer der Stellen, wo der Stadtrand jäh nach unten abbricht. Der freie Blick auf die Grenze, den ich hier eigentlich haben müsste, ist durch Wellblech versperrt. Die Barrikade soll verhindern, dass hier Massen von Illegalen sich auf direktem Weg heimlich zum Fluss hinunter stehlen. Die Menschen, die in dieser Straße wohnen, haben von dem Thema offenbar die Schnauze voll.

Ich stehe noch unschlüssig da und überlege, was ich tun soll. Da höre ich, wie jemand hinter mir meinen Namen zischt. Ich fahre herum und sehe zwei Männer auf dem Bordstein sitzen, die ich in der Tat gut kenne: José Candelario Castillo und José Cándido Santos, die Migranten aus El Salvador. Zwei der drei Leute, mit denen ich in Ramos Arizpe auf den Zug springen wollte. Zwei von mehr als tausend Illegalen, die ich auf meiner dreiwöchigen Zugreise traf. Wir haben uns in Nuevo Laredo wiedergefunden, und das ist Grund genug, einander in die Arme zu fallen.

»Wo ist der Dritte?«, frage ich.

»Der ist in Monterrey geblieben. Braucht wohl noch etwas Geld für die Grenze. Will sich erst mal eine Arbeit suchen.«

»Seid ihr okay?«

Sie nicken und lächeln. Dann zieht Santos aber doch seine Schuhe und Socken aus, zum Vorschein kommen handtellergroße Blasen. »Damit muss ich wohl oder übel jetzt laufen«, sagt er. »Wenn wir es über die Grenze schaffen, sind es noch zehn Kilome-

Idylle an der Grenze: ein Fischer am Rio Grande

ter zu Fuß durch die Nacht. Dann sollen wir unseren Kontaktmann treffen.«

»Habt ihr schon jemand, der euch zum Fluss bringt?«

»Ja, es ist einer der Nachbarn hier. 300 Pesos. Heute Abend um sieben.«

»Teilen wir durch drei? Ich gehe mit bis zum Ufer, wenn ihr nichts dagegen habt.«

»Abgemacht.«

Es ist Sonntag Mittag, dies sind dann wohl unsere letzten, gemeinsamen Stunden. Noch einmal höre ich eine Lebensgeschichte. Für Santos ist es der erste, für Castillo der dritte Versuch, in die USA zu kommen. Beim ersten Mal erwischte ihn die Polizei schon kurz hinter der guatemaltekisch-mexikanischen Grenze. Beim zweiten Mal wurde sein Zug nahe Juchitán im Bundesstaat Oaxaca von einem halben Dutzend Maras überfallen. Sie enterten die Waggons in voller Fahrt, raubten den Migranten, was zu rauben war, und warfen zum Abschluss seinen besten Freund, der mit ihm in die USA wollte, unter Gejohle mit dem Kopf nach unten mitten neben der Kupplung auf die Schienen. Durch diesen Mord aus reiner Mordlust war Castillo wie gelähmt. Er konnte nicht mehr weiter und kehrte in die Heimat zurück.

Es dauerte ein halbes Jahr, bis er den Schock überwunden hatte. Dann raffte er sich ein drittes Mal auf. In Medias Aguas stieg er aus Versehen in den falschen Zug. Statt nach Norden fuhr er in die Gegenrichtung, erst nach ein paar Stunden bemerkte er seinen Irrtum und sprang ab. Als er sich auf einen Zug zurück schwingen wollte, riss es ihn nach unten, er schlug mit der Stirn auf den Schotter. Daher kommt die blutverkrustete Wunde zwischen seinen Augen, eine Narbe wird wohl als Mahnmal bleiben. »Ich schwankte wieder, ob ich weitermachen oder aufgeben sollte«, sagt er. »Aber dann sah ich meinen fünfjährigen Sohn vor Augen. Er hat immer um ein ferngesteuertes Spielzeugauto gebettelt. Ich habe ihm versprochen, es ihm mit dem ersten Geld zu kaufen, das ich in den USA verdiene.«

Er kramt etwas aus seiner Plastiktüte, was ich zuvor noch bei keinem Migranten gesehen habe: eine Bibel. »Ich lese jeden Tag ein paar Passagen darin«, sagt er. »Sie haben mir die Kraft gegeben, bis hierher durchzuhalten.« Ich frage ihn nach der Stelle, die ihn am meisten beeindruckt hat, und er sucht im fünften Buch Mose nach dem Kapitel 26. »Da schrien wir zum Herrn, dem Gott unserer Vorfahren, um Hilfe. Er hörte uns und half uns aus Not, Elend und Sklaverei … Er brachte uns an diese heilige Stätte und gab uns dieses Land, in dem Milch und Honig fließen.«

Abends um sieben Uhr treffen wir mit unserem *coyote* zusammen. Cowboystiefel, abgewetzte Jeans und ein Gesicht, das müde Routine verströmt. Er will uns zu einer guten Stelle am Fluss bringen. Ein Freund von ihm kommt noch dazu, zwei seien besser als einer, sagen sie, so teilen sie sich das Honorar.

Wir drücken ihnen die Hälfte als Anzahlung in die Hand, den Rest gibt es am Ende bei Erfolg, so lautet die Vereinbarung. Eine knappe Stunde lang laufen wir mit ihnen einen großen Bogen durch die Stadt: ich mit dem ersten *coyote* ganz vorn, die zwei Illegalen in der Mitte, der zweite *coyote* deckt die Gruppe nach hinten ab. Wir passieren Taco-Buden, einen Kinderspielplatz, ein Squash-Center. Eine Polizeipatrouille fährt dicht an uns vorbei – so dicht, dass bei mir ungute Erinnerungen hochkommen.

»Gibt es keine Probleme mit denen?«, raune ich meinem Führer zu.

»Keine Sorge«, brummt er, »wir haben dort unsere Leute.«

Nach einer halben Stunde hängt sich sein Freund an ein öffentliches Telefon. Ich vermute, er will sicherstellen, dass keine Streife unseren Weg kreuzt. Gesetze und Dienstvorschriften werden hier unter der Hand leicht und locker außer Kraft gesetzt. Der Freund hängt den Hörer wieder ein, nickt kurz, und wir gehen weiter.

»Wir sind gleich da«, sagt der erste *coyote*. »Bitte gebt mir die restlichen 150 Pesos.«

»Jetzt schon?«, protestiere ich. »Wir sind doch noch gar nicht am Fluss.«

»Entweder ihr zahlt jetzt«, antwortet er, »oder wir lassen euch stehen.«

Was sollen wir machen, wir haben keine Wahl, so sind leider die Sitten in diesem Geschäft. Sie kriegen ihr Geld, und wir trennen uns in zwei Gruppen. Ich gehe mit Castillo und dem ersten *coyote* hinunter zur Ringstraße, dort kuschen wir uns in einen Strauch. Unser Führer blickt prüfend über die zweihundert Meter, die noch bis zum Fluss fehlen. Santos bleibt mit dem zweiten *coyote* ein Stück zurück. Die Luft scheint rein. Wir warten, dass die zwei nachkommen. Aber sie kommen nicht. Fünf Minuten vergehen, zehn Minuten – nichts.

»Soll ich mal nachsehen, wo die geblieben sind?«, frage ich.

Der Führer nickt, und ich gehe die Straße wieder hinauf. Oben, an einer engen Kurve, dringt ein kurzer Pfiff an mein Ohr. Santos hat sich, so wurde es ihm offenbar gesagt, in einem kleinen Park neben dem Gehsteig versteckt. Ich winke ihm zu, wir gehen zur Ringstraße hinab. Sein *coyote* ist spurlos verschwunden, und als wir an unserem Strauch ankommen, ist mein *coyote* ebenfalls weg. Castillo hockt schon jenseits der Straße und winkt aus einem Gebüsch. Wir drei sind wieder allein, die Führer haben sich still und heimlich schon in Sicherheit gebracht. Aber es scheint zumindest, dass dort am Ufer wirklich keine Polizei ist.

Wir überwinden einen Stacheldrahtzaun und schleichen durch hohes Gras, hinein in den dichten Auwald, der hier das Flussufer säumt. Den Pfad haben andere vor uns schon getrampelt, schließlich läuft dieses Geschäft jeden Tag. Ich sehe Mondlicht

Rio Grande: tagsüber reglos, nachts ein Schicksalsfluss

auf dem Wasser blinken, wir sind da. Es ist völlig still am Rio Grande, und ich kann es nicht fassen: Auf einem Hügel drüben in den USA steht ein hoher Mast mit riesigen Scheinwerfern, die genau auf unseren Abschnitt gerichtet sind. Ich habe das Licht an anderer Stelle gesehen, es ist so grell, dass ihm keine Maus verborgen bleibt. Aber jetzt sind diese Scheinwerfer allesamt ausgeschaltet. Ist das ein unerklärlicher, glücklicher Zufall? Oder reicht der Arm der *coyotes* etwa bis hinüber auf die andere Seite? Sind heute vielleicht noch andere Gruppen unterwegs? Sind wir drei Nutznießer eines viel größeren Spiels? Es lohnt nicht, lange darüber zu grübeln. Man muss die Gunst der Stunde nutzen.

»Macht schnell!«, treibe ich Castillo und Santos an. »Wenn das Licht hier angeht, habt ihr keine Chance mehr.«

Sie ziehen sich aus bis auf die Unterhosen. Jeder stopft seine Sachen in eine Plastiktüte, bei Castillo kommt noch die Bibel dazu. Das Wasser ist kalt, die Luft ebenso. Noch ein Grund, nicht viel Zeit zu verlieren. Ich gebe ihnen meine Adresse, sie mir eine Telefonnummer in den USA. Wir reichen uns zum letzten Mal die Hände. Dann steigen sie nacheinander in die Fluten, jeder hält mit der Linken seine zugeknotete Tüte hoch und beginnt mit der Rechten zu rudern. Ein paar Sekunden später packt sie die Strömung und reißt sie in raschem Tempo mit sich. Ich renne am Ufer entlang, um auf gleicher Höhe mit ihnen zu bleiben, stolpere über eine Wurzel und schlage hin. Als ich mich wieder aufgerappelt habe, sind die beiden im Dunkel der Nacht entschwunden. Ich höre nur noch ihr Keuchen und ein sanftes Plätschern, nach ein paar Minuten knackt es drüben im Gebüsch. Sie sind in ihrem Gelobten Land, dies zumindest haben sie geschafft. Wie werden sie die zehn Kilometer bis zu ihrem Kontaktmann überwinden, die ihnen jetzt noch bevorstehen? Ich ertappe mich dabei, dass ich ihnen unwillkürlich die Daumen drücke.

Ich setze mich ans Ufer und lausche. Menschenstimmen? Motorengeräusche? Ich höre nichts und sehe nichts. Das Wasser gleitet ruhig dahin. Das Rattern und Röhren des Zuges hallt nur noch in meiner Erinnerung. Es ist, als sei dieser Ort der friedlichste der Welt.

Busse vor Gittern

»Das Glück ist eine leichtfertige Person,
die sich stark schminkt und von ferne schön ist.«
Johann Nepomuk Nestroy
Österreichischer Schriftsteller

In den Gesichtern kann man lesen wie in einem Buch. Zusammengepresste Lippen – der mühsame Versuch, die Fassung zu behalten; hin und her flackernde Augen – die Angst davor, was die Staatsgewalt nun tut; ein trotzig-spöttisches Lächeln um den Mund – die wortlose Ankündigung, es so bald wie möglich wieder zu probieren. Die meisten Mienen aber sind versteinert. Nur jetzt nichts preisgeben von den Gefühlen! Nicht hier, wo Dutzende von anderen zusehen können. Nicht hier, wo die vermeintlichen Sieger vor einem stehen. Nur nicht jetzt und nur nicht hier. Zum Weinen gibt es noch genügend Zeit.

Drei von hundert, so die Schätzungen, schaffen es mit dem Zug bis zur Grenze. Siebenundneunzig von hundert, das ist der rüde Umkehrschluss, scheitern. So gibt es außer der einen Endstation am Rio Grande oder in der Wüste noch eine zweite. Sie heißt Tapachula, mehr als zweitausend Kilometer weiter im Süden, und dorthin bin ich noch einmal zurückgekehrt. Ich will diejenigen sehen, die es nicht geschafft haben.

Ankunft: Geschnappte Illegale treffen ein

Verzweiflung: Stunden, Tage hinter Gitter

Abschied: Namenslisten für die Deportation

Die Auffangstation der Migra, draußen vor der Stadt gelegen, wirkt auf den ersten Blick wie ein Busbahnhof. Alle zehn bis fünfzehn Minuten rauscht ein Transporter heran, die Türen klappen auf, und heraus kommt eine neue Gruppe von Geschlagenen. Voll besetzte Busse aus ganz Mexiko liefern hier ihre menschliche Fracht ab. Und leere Busse fahren gleich darauf vor, um die Leute nach ein, zwei oder drei Nächten in dieser Notunterkunft wieder an Bord zu nehmen. Die Reise geht dann über die Grenze, zurück in die Heimat, zurück in die Armut. Was hier in Tapachula geschieht, ist ein schier endloses Recycling von Elend. Jede Stunde, jeden Tag, jede Woche.

Die politische Schizophrenie, Illegale zugleich jagen und schützen zu wollen, findet an den Zäunen des Instituto Nacional de Migración ihren Ausdruck. Hinter dichten Gittern warten die Verlierer des großen Spiels auf ihre Deportation. An der Wand aber steht in großen Lettern: »Willkommen, Bruder Migrant!«

In der einen Sektion des Hofes, der voll gepackt ist von menschlichen Dramen, kauern Festgenommene, deren Fälle noch im Stadium der Bearbeitung sind. Als ich eintrete, treffen mich feindselige Blicke, die meisten halten mich wohl für einen Behördenvertreter. Ich setze mich zu einer Gruppe, die schließlich doch mit sich reden lässt, unter der Bedingung, die Nachnamen nicht zu nennen. Bald spüren sie die Erleichterung, die es bringt, über das eigene Leid zu sprechen, und die zerstobenen Hoffnungen sprudeln in wahren Wortschwallen heraus.

Sie kommen nicht aus Mittel-, sondern Südamerika, meist waren sie schon eineinhalb bis zwei Monate unterwegs. Der 31-jährige Ruiz stammt aus Cochabamba in Bolivien, sein Weg über die Anden bis nach Mexiko war mehr als viertausend Kilometer lang. Die 22-jährige Andrea aus Ecuador hatte es schon bis über die US-Grenze geschafft, doch nach einer Stunde Nachtmarsch durch die Wüste wurden sie und ihre Gruppe in einer Schlucht von Schäferhunden aufgespürt. Der 25-jährige Rainario Patricio, ein Landsmann der jungen Frau, ist zum fünften Mal gescheitert. Das erste Mal holten sie ihn bei Gudalajara aus einem Sammeltaxi, das zweite Mal in Mexiko-Stadt aus einem Bus. Das dritte und vierte Mal reiste er von Kolumbien aus mit einem Schiff als blinder Passagier, vom Kapitän in Kartons versteckt und dann doch von Zollpolizisten entdeckt. Jetzt haben sie ihn bei Huixtla auf dem Zug erwischt. »Ich habe alles verloren«, sagt er. »Dreißig Dollar Verdienst pro Woche – welche Zukunft habe ich eigentlich noch?« Er rollt sich in seine Plastikdecke, die ihm geblieben ist, und zwar so, dass ich sein Gesicht nicht mehr sehen kann.

Ich gehe hinüber in die zweite Sektion des Hofes. Dort sammelt sich gerade ein neuer Trupp zum

Hochgereckte Daumen – und doch keine Hoffnung mehr

Appell für die Deportation. Ein Migra-Vertreter steht mit einer Namensliste vor ihnen und hakt einen nach dem anderen ab. Wer ein Häkchen hat, muss in den Bus einsteigen, der gerade vorgefahren ist. So gibt es für ein paar Minuten Luft, ehe die nächste Schar hier hineingepfercht wird. So geht das ohne Unterlass mit wabernden Menschenschlangen. Laut offizieller Statistik wurden 2003 insgesamt 146 656 Illegale von Tapachula aus deportiert. 2004 waren es schon 200 095, 2005 werden es vermutlich noch mehr sein. Dazu kommen all die Mittel- und Südamerikaner, die in Mexiko der Polizei und dem Militär nicht ins Netz gehen. Und dann noch die riesige Zahl von Mexikanern, die ebenfalls illegal in die USA wollen. Wenn man anfängt, mit diesen Menschenmassen Rechnungen anzustellen, wird einem schwindlig. Allein von Guatemala kommen jeden

Tag wohl an die tausend Migranten nach Mexiko herüber. Tausend Menschen, Tag für Tag! Welches Land wird mit solch einer Brandung fertig?

Die Mexikaner bauen bei Tapachula ein neues, weitaus größeres Auffangzentrum. Mit Aufenthaltsräumen und Schlafsälen für bis zu 1450 Personen. Mit modernen Wasch- und Duschräumen, Küche und Speisesaal, Telefon und Betten für medizinische Behandlung. Der Komplex entsteht auf dem Gelände einer früheren Kaffeeplantage und soll bis Oktober 2005 fertig sein. Das architektonische Gesicht der Migra wird dadurch etwas freundlicher. Die Gesichter der Angestellten aber, die hier tagaus, tagein Illegale zurückschleusen müssen, werden wohl bleiben, wie sie sind: gleichgültig, leer, erstarrt zu Routine wie die Verwaltungsabläufe. So wie diese Leute gehen und schreiben und kommandieren, kommen sie mir wie Roboter vor.

Ich stehe im Büro von Rafael Pretelín, der seit mehr als zehn Jahren für die Migra arbeitet. Um seinen Schreibtisch herum türmen sich die Akten – ein Berg aus Papier, der niemals schrumpft. Wir blicken gemeinsam aus dem Fenster und sehen, wie sich draußen eine Kolonne nach der anderen an uns vorbeischiebt. »Es ist traurig, wirklich traurig«, sagt er. »Aber was sollen wir machen? Das Gesetz ist nun einmal da. Wir müssen es anwenden. Wir versuchen wenigstens, dabei so menschlich wie möglich zu sein.«

Akten ohne Ende: Rafael Pretelín, seit mehr als zehn Jahren tätig für die »Migra«

Juanito kommt herein, ein alter Freund, der nur Guten Tag sagen will. Juanito ist ein Sänger, den alle in Tapachula kennen. Er sagt, manchmal gehe er mit seiner Gitarre zum Bahnhof und spiele ein paar Lieder für die Leute auf dem Zug – einfach so, um ihnen eine Freude zu machen, denn sie hätten ja sonst nichts zu lachen. Ein Lied, so sagt er, habe er speziell für die armen Teufel komponiert. Während wir so reden, richtet er sich auf einmal straff auf und beginnt dieses Lied zu singen. Es handelt von Träumen und Leiden und Schmerzen – wehmütige Strophen, die über Tausende von Aktendeckel wehen. Seine Melodie geht in Motorengeheul unter. Draußen startet der nächste Bus.

Endstation Rollstuhl

»Es ist ein großer Vorteil im Leben, die Fehler, aus denen man lernen kann, möglichst frühzeitig zu machen.«
Winston Churchill
Britischer Politiker

DER ZUG, ICH MUSS MICH KORRIGIEREN, hat noch eine dritte Endstation. Sie ist ein kleines, unscheinbares Haus, versteckt in einer Nebenstraße, doch jeder Taxifahrer in Tapachula kennt den Weg. »Jesús El Buén Pastor« heißt das Heim, »Jesus, der gute Hirte«. Erst wer die Bewohner gesehen hat, weiß wirklich, was die Reise auf den Schienen bedeutet.

Carlos Juan Dubón aus Honduras saß vor drei Wochen euphorisch auf dem Dach eines Waggons. Die große Reise hatte gerade begonnen, es war zehn Uhr abends, irgendwo zwischen Ciudad Hidalgo und Tapachula. Die Luft war lau, und er hatte das Gefühl, nun würde endlich alles gut. Es war sein dritter Versuch, in die USA zu kommen. Beim ersten Mal hatten sie ihn in Huehuetán aus einem Bus geholt, beim zweiten Mal in Tierra Blanca bei einer Razzia am Zug geschnappt. Diesmal aber, da war er sich sicher, würden sie ihn nicht erwischen. Da kletterten aus dem Dunkel der Nacht drei Männer zu ihm hoch und schrien: »Gib uns dein Geld!« Er sagte, dass er kein Geld bei sich habe. Da stießen sie ihn wütend einfach vom Dach. Vier Stunden lag er bewusstlos am Rand der Schienen, mit klaffenden Wunden am Jochbein und an der Stirn, bis ihn ein Autofahrer entdeckte, der den Feldweg an der Bahn entlangkam. Der brachte ihn zum Roten Kreuz, und von dort kam er in dieses Haus. »Nie wieder mit dem Zug«, sagt er nun – und erschrickt im selben Moment. Er ist doch erst 22, wie kann man da schon »nie wieder« sagen?

Miguel Angel Macías aus El Salvador träumte davon, scinen Bruder zu treffen, der schon seit einiger Zeit in Washington lebt. Er ging mit einer Gruppe von zwölf Leuten auf den Zug, schlief nachts unter freiem Himmel in den Büschen und kämpfte sich so bis fast an die Grenze des Bundesstaates Oaxaca heran. Dann reichte ein Fehltritt beim Aufspringen, er schlug hin, fühlte einen Schnitt im rechten Bein und wusste gleich, der Fuß war für immer weg. Nun sitzt der 35-Jährige im Rollstuhl und wartet auf seine Prothese. Seine Frau ist ihm bis hierher nachgereist. Gemeinsam grübeln sie jetzt verzweifelt, wie es weitergehen soll. Zu Hause haben sie sechs Kinder.

Ena Alicia Flores ließ ihre vier Kinder in Honduras zurück, um ihnen ein besseres Leben zu bescheren. Verlassen von ihrem Mann, wollte sie mit 27 Jahren nach Los Angeles. Der Schwiegervater versprach, sich um den Nachwuchs zu kümmern. Sie schaffte es, der Migra zu entkommen, als der Zug in der Nacht gestoppt wurde, aber als sie weiter vorn wieder aufspringen wollte, hatte sie nicht mehr die nötige Kraft. Sie geriet so fürchterlich unter die Räder, dass sie nicht nur den rechten Fuß, sondern auch das ganze linke Bein verlor. »Ich habe seither viel geweint«, sagt sie. »Aber ich habe hier ein zweites Leben gefunden.«

María Magdalena Delgado aus El Salvador wollte zu ihrem Bruder, der im US-Staat Virginia lebt. Sie schlug sich mit einem Sammeltaxi bis Huixtla durch, schlief dort in der Nacht vor der Kirche und lernte eine junge Frau kennen, die sie überredete, besser auf den Zug zu gehen. Sie rannte, so schnell sie konnte, und sprang, doch es war wie ein Sog, der sie nach unten riss, und dann rollte das Ungeheuer über sie hinweg. Blutüberströmt schleppte sie sich noch zum nächstgelegenen Bauernhaus, dann brach sie vor Schwäche und Schmerz zusammen. Im Krankenhaus mussten sie ihr beide Beine amputieren. »Ich wusste nicht, dass der Zug den Körper zerschneiden kann«, sagt sie. »Ich habe es aufgegeben zu weinen, denn vom Weinen kommen meine Beine nicht zurück.« Derzeit kann sie sich nur im Rollstuhl bewegen, aber sie wird Prothesen bekommen und lernen, sich damit zu bewegen. Dann wird sie zurückkehren zu ihren drei Söhnen im Alter von zwei, vier und sechs Jahren. Vier Dollar pro Tag hat sie in ihrer Heimat verdient, als Putzfrau in einer Kleiderfabrik. Ein Hungerlohn, so dachte sie einst. Doch das, was sie mit

25 und keine Beine mehr: María Magdalena Delgado

dem Zug erlebt hat, hat bei ihr die Prioritäten neu geordnet. »Es ist besser, wenig zu verdienen – und dafür einen gesunden Körper zu haben.«

Die Frau, die ihnen allen neuen Halt gibt, heißt Olga Sánchez. Seit vierzehn Jahren tut sie nichts anderes, als den Opfern des Zuges zu helfen. Fünftausend junge Leute, sagt sie, habe sie wohl schon unter ihre Fittiche genommen, genau hat sie nie gezählt, und jede Woche kommen ein paar neue dazu. »Es ist ja sonst keiner da, der sich um sie kümmert«, sagt die 47-Jährige, die gerade aus der Hand des mexikanischen Präsidenten den Nationalpreis erhalten hat. »Wenn ich hier durch das Krankenhaus gehe, betteln mich die Unglücklichen an: ›Bitte, lass mich nicht sterben!‹ Dann sage ich immer nur dies:

›Du wirst wieder laufen, du wirst wieder arbeiten – du wirst leben!‹«

Was bringt eine Frau dazu, sich für illegale Migranten einzusetzen, die Opfer des Zuges werden? »Ich habe all das, was die erleben, schon am eigenen Leibe erlebt«, sagt sie. Mit sechs Jahren wurde sie als Bauernmädchen von einer rätselhaften Krankheit befallen, die sie zunächst für eineinhalb Jahre auf das Bett warf. Mit acht Jahren sah sie, wie Männer in Uniform ihre Familie aus der Wohnung und den Vater ins Gefängnis warfen, der Grund war ein Erbstreit mit Verwandten. Mit neun Jahren verlor sie einen Finger in einer Tortilla-Bäckerei, wo sie arbeiten musste; sie hatte die Hand zu weit in die Teigmaschine gesteckt. Mit zweiunddreißig Jahren

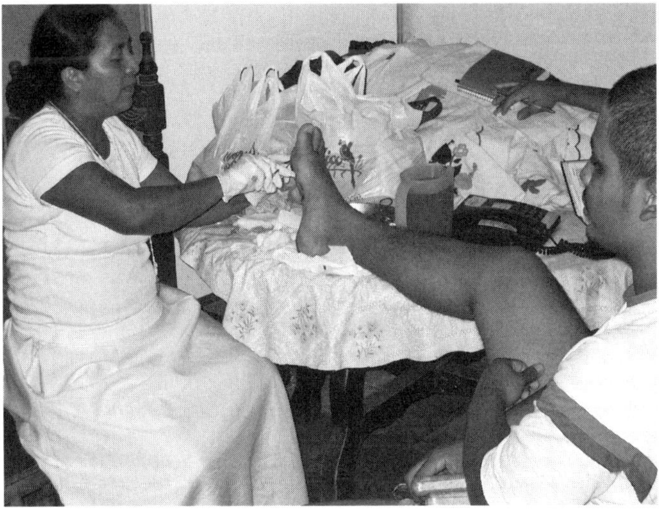

Ein Leben für die Opfer des Zuges: Olga Sánchez

schließlich hatte sie, als Folge ihrer Krankheit, ein dick geschwollenes Gesicht, obwohl sie nur noch siebenunddreißig Kilo wog. Sie konnte fast nichts mehr sehen, die Haare fielen ihr aus, und schließlich sagte ein Arzt: »Ihre Krankheit ist nicht mehr zu heilen.« In diesem Moment, so sagt sie, bäumte sich alles in ihr auf. »Ich will nicht sterben«, schrie sie heraus, »und ich werde auch nicht sterben!« Von diesem Augenblick an sei es ihr Tag für Tag besser gegangen, und da habe sie begriffen, wie viel Kraft in einem Menschen stecke. Sie sagte sich die gleichen Worte, die sie heute den Zugopfern sagt: »Schmerzen sind eine Stärke, eine Quelle des Lebens. Wenn du nicht sterben willst, dann stirbst du auch nicht.«

Mit Spendengeldern hat sie am Rand von Tapachula, im Stadtteil Raimundo Enríquez, ein 1700 Quadratmeter großes Grundstück gekauft. Dort will sie eine neue, größere Herberge bauen mit Apotheke und Fernsehzimmer, später vielleicht auch noch mit Wäscherei, Speisesaal, Kleiderkammer und Kapelle. Die Arbeiter, die sie dafür braucht, sind ihre Krüppel. Sie stammen fast alle aus Honduras und hatten alle einmal ganz andere Pläne. Aber nun, da das Schicksal zugeschlagen hat, sind sie Olga Sánchez dankbar dafür, dass sie überhaupt noch gebraucht werden. Wilson Sevilla, 26, verlor bei Pijijiapan den linken Arm, als er beim Aufspringen auf dem regennassen Schotter ausrutschte. Walter Alvarez, 21, verlor bei Huixtla das linke Bein, weil er vom Zug fünf-

Das Leben hat doch noch einen Sinn.

zig Meter mitgeschleift wurde. César Cáceres, 28, verlor bei Salto de Agua das rechte Bein, als der Zug plötzlich bremste und er dadurch auf das Gleis fiel. Guillermo Benítez, 22, verlor bei Huixtla den linken Arm, weil ein Ast ihn vom Zugdach hinunterfegte. Sie hämmern und sägen, schrauben und feilen, auf einem Bein, mit einem Arm, so gut sie es eben können, die Krückstöcke lehnen an dem Baumaterial. Mittlerweile kommen auch Migranten hinzu, die keine Gliedmaßen eingebüßt haben, sondern »nur« vom Zug gestürzt sind und dies nie wieder erleben möchten. »Für uns alle«, sagen sie, »ist Olga Sánchez wie eine Mutter.«

Im alten Heim drinnen in der Stadt hat einer von ihnen den Zug an die Wand gepinselt. So haben sie

Guillermo Benítez

César Cáceres

Walter Alvarez

die fürchterlichsten Stunden ihres Lebens wie ein ständiges Mahnmal vor Augen: die schmalen Trittbretter, die Haltestangen, die Eisenleitern, die Kupplungen, die Schienen. Das Gemälde ist garniert mit Fotos von Krüppeln, deren Leben sich auf der Bahnstrecke wendete. Ich stehe mit Carlos Juan Dubón vor dieser Allegorie des Grauens. Draußen rattert ein neuer Zug vorbei. Auch dieses Haus liegt nicht weit von den Gleisen, und wir hören wieder sein Warnsignal. Nachts, wenn wir an der Strecke lauerten, war es ein Signal der Hoffnung. Jetzt klingt es auf einmal drohend und unheilschwanger.

»Der Zug ist eine Bestie«, sagt der junge Mann mit der Blutkruste über den Augen.

»Eine Bestie?«, frage ich.

»Ja, eine Bestie«, sagt er. »Weil er nichts und nie verzeiht.«

Epilog

»Wir werden uns wohl nicht wieder sehen«, sagte ich zum Abschied, als wir im Dunkel der Nacht am Ufer des Rio Grande standen. »Aber ich würde wenigstens gern wissen, was aus euch geworden ist.«

José Candelario Castillo und José Cándido Santos nickten, bevor sie ihre Kleider ablegten. Sie gaben mir einen Zettel mit einer Telefonnummer in den USA. Kein Name dazu, natürlich nicht, es war ihr geheimer Kontaktmann. »Er wird wissen, ob wir durchgekommen sind oder nicht«, sagten sie.

»Hättet ihr vielleicht Lust, mir zu schreiben?«, fragte ich. Sie schauten mich eine Zeit lang wortlos an. Mir kam es vor, als sei ich der Erste, der sie jemals um so etwas gebeten hat. »Ihr könnt mir einen Brief schreiben oder auch eine E-Mail«, sagte ich, »meine Adresse habt ihr ja. Schreibt mir bitte, wenn ihr es geschafft habt. Und schreibt mir doch bitte auch, wenn …

»Ja, wir werden schreiben«, versprachen sie, ehe sie in die Fluten stiegen.

Die Vorwahl 571 der Telefonnummer verriet, dass der Kontaktmann im US-Staat Virginia lebt. Das sind von der texanischen Grenze noch einmal mehr als zweitausend Kilometer Luftlinie. Ich rief dort eine Woche später an. Am Apparat war ein Spanisch sprechender Mann, der seinen Namen nicht nannte. »Ja, die zwei sind gut angekommen«, sagt er, aber keinen einzigen Satz mehr. War es die Wahrheit oder eine Lüge? Ich weiß nur, es war das Letzte, was ich über die zwei Illegalen aus El Salvador erfuhr.

Ich schrieb einen Brief an Santos' Heimatadresse, die er mir gegeben hatte; da lebten angeblich noch Angehörige. Ich legte ein paar Fotos von meinen zwei Begleitern bei, Erinnerungen an unsere gemeinsame Zugfahrt, und bat noch einmal schriftlich, sie sollten sich melden. Der Brief kam sechs Wochen später mit dem Vermerk »Umgezogen« zurück.

Die beiden haben mir nie geschrieben. Hatten sie Angst, dass ich vielleicht doch noch etwas anderes als ein Buchautor war? Hatte Sie der Kontaktmann gewarnt, mir über ihr weiteres Schicksal zu berichten? War er am Ende gar böse, dass sie sich mit mir eingelassen hatten. Sind sie überhaupt noch in den Vereinigten Staaten? Und falls ja – in Freiheit oder im Gefängnis? Ich werde es wohl nie mehr erfahren. An der Schicksalsgrenze zwischen Mexiko und den USA gibt es fast immer mehr Fragen als Antworten.

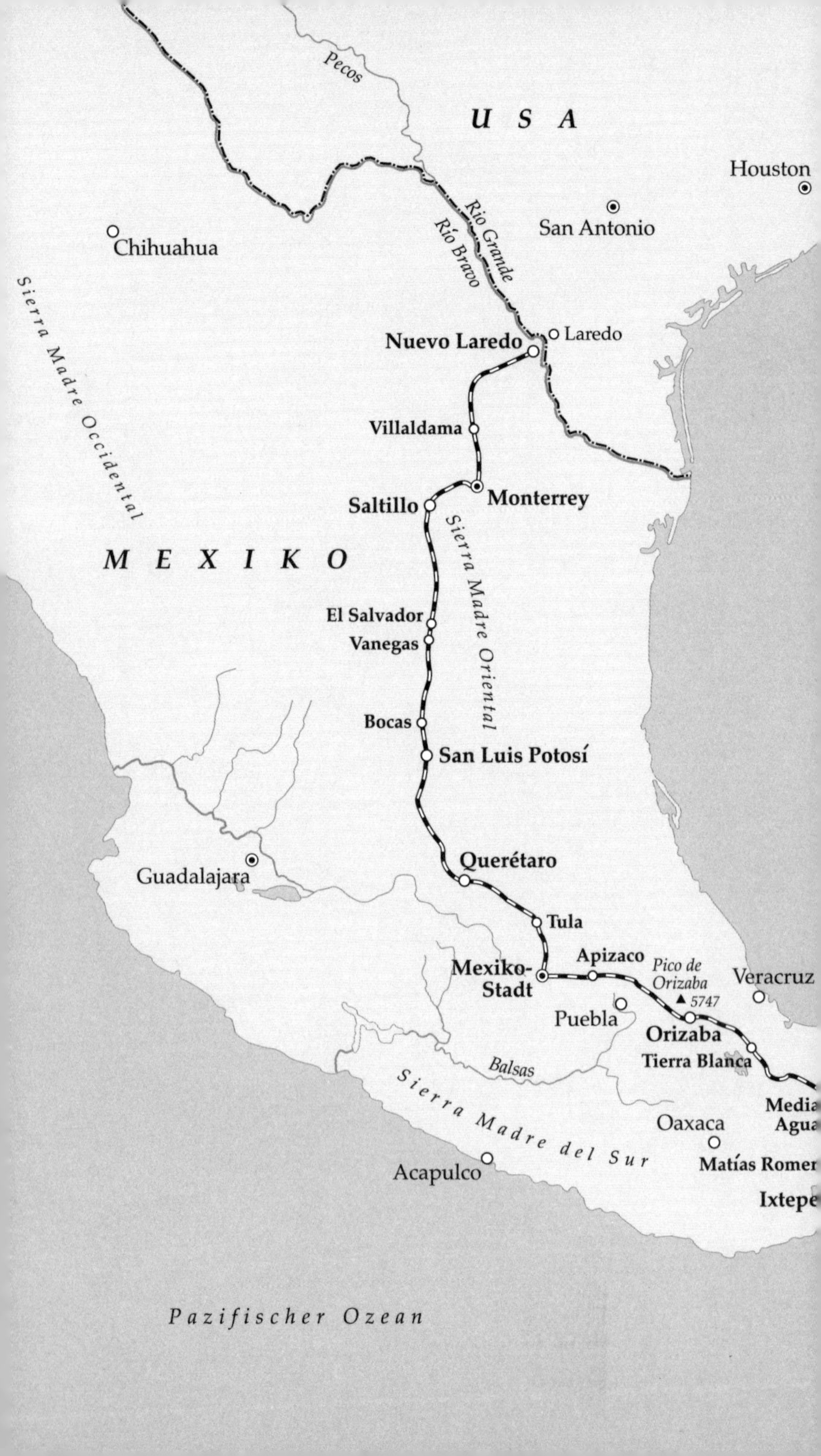
Pecos
U S A
Houston
San Antonio
Río Grande
Río Bravo
Chihuahua
Sierra Madre Occidental
Nuevo Laredo
Laredo
Villaldama
Monterrey
Saltillo
Sierra Madre Oriental
M E X I K O
El Salvador
Vanegas
Bocas
San Luis Potosí
Guadalajara
Querétaro
Tula
Apizaco
Pico de Orizaba
5747
Veracruz
Mexiko-Stadt
Puebla
Orizaba
Tierra Blanca
Balsas
Sierra Madre del Sur
Media Agua
Oaxaca
Matías Romer
Acapulco
Ixtepe
Pazifischer Ozean